무조건 통하는 앱

순수 국내파 영잘러 김태훈의 **실전 영어** 필살기

무조건
통하는
압축
영어

김태훈 지음

북라이프

무조건 통하는 압축 영어

1판 1쇄 인쇄 2020년 6월 24일
1판 1쇄 발행 2020년 7월 1일

지은이 | 김태훈
발행인 | 홍영태
발행처 | 북라이프
등   록 | 제313-2011-96호(2011년 3월 24일)
주   소 | 03991 서울시 마포구 월드컵북로6길 3 이노베이스빌딩 7층
전   화 | (02)338-9449
팩   스 | (02)338-6543
e-Mail | bb@businessbooks.co.kr
홈페이지 | http://www.businessbooks.co.kr
블로그 | http://blog.naver.com/booklife1
페이스북 | thebooklife
ISBN 979-11-88850-90-7 03740

여러분은 마케팅 전문가이자 코딩 전문가이자
전문 컨설턴트이자 법조계나 의료계 전문가,
예술 평론가이면서 동시에 만능 스포츠맨인가요?

아니라고요? 왜 아닌가요?

그렇죠.
모든 것의 전문가가 될 수도 없고
될 필요도 없기 때문입니다.

intro

우리는 왜 영어를 잘해야 할까?

"그래서 영어를 잘해야 하는 이유는 뭔데요?"

영어 교육자로 십수 년간 활동해 오면서 수없이 많은 영어 학습자들을 만나 왔지만, 이 질문에 단번에 대답하는 사람은 많지 않았습니다. 대부분은 이 질문에 허를 찔린 듯 한참을 고민하다가 간신히 자기 나름대로 대답을 내놓곤 했습니다.

이것은 우리에게 무엇을 시사할까요? 어떤 일을 행하기에 앞서 그 행위의 목적을 따져 보는 것이 가장 중요한데, 한국인에게 영어 공부는 구체적인 목표 없이 맹목적으로 집착하는 대상이 되어 버린 지 오래입니다. 학교에서 시키니까, 회사에서 원하니까, 영어를 못하면 사람들이 무시하니까, 영어를 잘하면 그냥 좋아 보이니까…. 이런 모호한 이유들로 영어 공부를 시작한다면 성공할 가능성은 매우 낮습니다.

실제로 한국인 가운데 완벽에 가까운 영어 실력이 필요한 사람은 극소수에 불과합니다. 뛰어난 영어 실력이 직업적으로 반드시 필요한 사람들, 이른바 영어 전문가라고 하는 사람들을 제외하고 대부분의 한국인은 완벽한 영어를 필요로 하지 않습니다. 군이 영어를 배우지 않아도 되는 사람들도 많습니다. 하지만 많은 사람들이 이 말을 받아들이기 어려워합니다.

"당신은 할 수 있고 나는 못 한다는 거야, 뭐야?"

아닙니다. 이건 할 수 있고 없고의 문제가 아니라 필요가 있고 없고의 문제입니다. 한번 이렇게 생각해 볼까요. 이 책을 읽고 계신 분들 가운데 스웨터 짜는 법을 배우지 못할 사람은 거의 없을 겁니다. 조금만 시간을 들이면 누구나 뜨개질하는 법을 익힐 수 있고, 더 많은 시간을 투자한다면 스웨터를 직접 만들어 입을 수도 있겠죠. 그런데 세상 모든 사람이 스웨터 만드는 일에 매달릴 필요가 있을까요? 혹은 직접 짠 스웨터가 기계로 만든 스웨터보다 촘촘하지 못하다고 답답해하거나 좌절할 필요가 있을까요? 이런 불필요한 스트레스를 받을 시간에 공장에서 잘 만든 스웨터를 입고 내가 더 잘하는 일, 더 많은 가치를 창출할 수 있는 일을 하는 편이 좀 더 낫지 않을까요?

영어 공부도 스웨터 짜기와 크게 다르지 않습니다.

누구나 시간만 들이면 영어를 잘할 수 있지만 모든 사람이 완벽한 영어를 하겠다고 달려들 필요는 조금도 없습니다. 나에게 쓸모 있는 영어, 나에게 딱 필요한 영어만 공부하고, 남는 에너지는 각자 필요한 일에 쓰는 게 현명하겠지요.

하지만 영어 사교육 업계는 이런 상황을 탐탁지 않게 생각할 겁니다. 제약 회사들이 바이러스 공포증을 이용해 백신을 비싸게 파는 것처럼 영어 교육 업체들은 '남들은 쉽게 원어민이 되고 있다.'라는 허황된 불안감을 심어 준 뒤 이 말에 현혹된 사람들에게 상품을 팝니다. 이런 상술에 넘어간 학습자들은 자신에게 필요하지도 않은 원어민에 가까운 완벽한 영어 실력을 좇아 지갑을 열었다가 끝내 실패하고 후회하기를 반복합니다.

이런 실수를 반복하지 않으려면 우선 나에게 필요한 영어가 무엇인지부터 진지하게 고민해 봐야 합니다. 그리고 정말 내가 쓸 범위의 영어부터 공부해야 합니다.

여러분의 영어 학습이 마침내 쓸모 있는 성공으로 이어질 수 있도록 도와 드리기 위해 한국에 사는 한국인에게 필요한 영어 공부법과 지식을 정성스럽게 압축하여 이 책에 담았습니다.

일상에서, 회사에서, 여행지에서 간단한 영어 한마디가 간절하게 필요한 순간, 이 책을 꺼내 보시길 바랍니다. 책에 적혀 있는 대로 따라 하다 보면 어느새 나에게 필요한 순간에 무조건 통하는 영어가 내 것이 되어 있을 것입니다.

쉽게, 딱 필요한 만큼만 압축해서 지금 저와 함께 시작해 봅시다.

제1부 당신에게 필요한 영어

제2부 무조건 통하는 압축 영어: 일상 편

외국인과 가벼운 인사를 나눌 때

제3부

무조건 통하는 압축 영어: 직장 편

제4부

무조건 통하는 압축 영어: 여행 편

제5부 무조건 통하는 압축 영문법

제6부 무조건 통하는 압축 발음 공부법

-제1부-

당신에게
필요한
영어

이번 생에 원어민은 무리입니다

유튜브 채널을 2년 정도 운영해 보니 채널이 잘되고 있는지 판단하는 기준이 생겼습니다. 바로 악플의 유무입니다. 콘텐츠가 잘되면 잘될수록 다양한 악플러들이 몰려듭니다. '악플보다 무서운 게 무플'이 백번 맞는 말이더군요.

첫 책《습관 영어》가 나왔을 때 오프라인 강연 이벤트를 여러 차례 열었는데, 공들여 준비한 강연 내용을 더 많은 사람들과 공유하고자 제 유튜브 채널 'Bridge TV'에도 강연 영상을 공개하기로 했습니다. 한번은 "한국에서 나고 자란 한국인 학습자는 원어민이 될 수 없다."라는 메시지를 담은 강연을 했고, 수만 명이 유튜브를 통해

이 영상을 보게 되었습니다. 이 영상을 보고 좋은 자극을 받았다는 사람들이 무척 많았지만, 화제가 된 만큼 제 의견에 반대하는 악플러들도 꽤 있었죠.

당시 악플을 남겼던 이들 중에서 특히 기억에 남는 사람이 있습니다. 그는 자신이 쓴 악플에 비판글이 달리자 해당 악플을 지워 버렸는데요. 그래서 지금 정확한 내용을 확인할 수는 없지만 기억을 더듬어 보면 대충 이런 내용이었습니다.

"선생이라는 사람이 고작 그런 마음으로 사람들을 가르치다니. 그런 사람이 토익, 토플을 가르친다고 하고 다니는 꼬락서니가 우습고 한심하다. 에라이."

저는 토익이나 토플을 가르치는 강사는 아니지만 그가 하고자 하는 말은 대강 뭔지 알아들을 수 있었습니다. 가르치는 일을 하는 사람이라면 학생들에게 한계를 정해 줄 것이 아니라 더 발전할 수 있도록 독려해 줘야 한다는 말을 하려던 것이었겠지요. 굉장히 좋은 말이고 깊이 공감 가는 말입니다. 저 또한 가르치는 일을 하는 사람으로서 선생의 역할은 잘 가르치는 데에서 끝나지 않으며 학생들이 각자 한계를 뛰어넘을 수 있도록 성심성의껏 돕는 것까지 포함한다고 믿습니다. 그러나 그 강연에서 제가 전하고자 했던 메시지는 '한계를 인정하고 포기하라.'라는 것이 아니었습니다. '한계를 직시하고 좀 더 현실적인 목표를 설정해야 궁극적으로 영어 실력을 향상할 수 있다.'라는 것이었죠.

그 첫 댓글을 중심으로 여러 사람이 한참 설전을 벌였는데, 시간이 지나면서 악플러의 글은 점점 자기 자랑으로 변해 갔습니다.

"나는 마흔이 넘어서 미국에 온 다음에야 영어 공부를 제대로 시작했는데 2~3년이 지난 지금 주변 미국인들이 나더러 원어민이냐고 한다."

이쯤 되니 이 사람이 정말로 하고 싶었던 말이 뭔지 더욱 감이 잡히기 시작했습니다. 결국 '내가 이 나이 먹고 영어 공부 시작해서 원어민 수준이 됐으니 원어민이 될 수 없다는 말을 하지 말라.'라는 자랑 섞인 훈계를 하고 싶었던 거죠.

아이러니하게도 그의 사례는 제가 전하고자 하는 메시지에 더욱더 힘을 실어 주었습니다. 자신이 원어민이 될 수 없다는 사실을 깨닫지 못하고 착각에 빠져 사는 사람의 전형을 몸소 보여 주었기 때문입니다. 단언컨대 마흔이 넘은 나이에 타국에서 언어 공부를 시작한 사람이 원어민이 되기란 불가능합니다. 다시 한번 말하겠습니다. 마흔이 넘은 나이에 언어 공부를 시작한 사람이 원어민이 되기란

'절대' 불가능합니다. 무조건 안 됩니다. 안 되는 건 안 되는 겁니다.

왜 그럴까요? 나이 탓일까요?

아닙니다. 서른에도 안 되고 스물에도 안 됩니다. 언어를 배우는 결정적 시기 critical period *가 지난 뒤 영어권 국가에 가면 그곳에서 밤낮없이 영어 공부만 해도 원어민처럼 될 수 없습니다.

도대체 뭐가 문제이기에 제가 이토록 단호하게 말하는 걸까요? 원어민으로 둘러싸인 언어 학습 환경에서 독하게 마음먹고 열심히 하면 원어민이 될 수 있다고 생각하는 사람들이 많습니다. 아닙니다. 이건 개인의 노력과는 별개의 문제입니다.

답은 생각보다 훨씬 쉽고 단순합니다. 원어민이 아니기 때문에 원어민이 될 수 없는 겁니다. 생물학적 남성이 믿음만으로 생물학적 여성이 될 수 없듯이, 원어민이 아닌 사람이 스스로 원어민이 되었다고 믿는다고 원어민이 될 수는 없습니다.

여기서 잠시 '원어민'의 사전적 정의를 살펴봅시다. 원어민이란 '해당 언어를 모국어로 사용하는 사람'을 가리킵니다. 여기서 '모국어'란 '자기 나라의 말', '고국의 말'을 뜻합니다.

---

* 소아기에서 사춘기 사이에는 언어를 쉽고 빠르게 그리고 자연스럽게 익히는 것이 가능하지만, 이 시기를 놓치면 특정 언어를 완벽하게 습득하기가 거의 불가능하다고 보는 이론을 '결정적 시기 이론'이라고 한다.

꽤 명료하고 단순한 정의처럼 보이지만 따지고 보면 생각보다 복잡한 개념입니다. '고국'이라는 단어가 자못 의미심장하기 때문이죠. 고국이란 단순히 내가 태어난 국가를 말하는 것이 아닙니다. 어릴 때부터 성인이 되기까지 내 정서와 사고방식에 지대한 영향을 준 문화와 역사의 출처가 '진정한' 고국입니다.

그런데 이미 다른 나라를 고국으로 둔 사람이 갑자기 노력만으로 타국의 말을 고국의 말처럼 이해하고 사용할 수 있을까요? 영어를 모국어로 구사한다는 것은 단순히 영어를 곧잘 한다는 뜻이 아닙니다. 영어를 모국어로 구사한다는 것은 영어권 국가의 역사, 문화, 정서, 사고방식이 내 몸과 삶의 전반에 스며들어 있다는 뜻입니다. 그러니 고작 2~3년 만에 원어민이 될 수 있다고 주장하는 건 어불성설이죠.

악플을 달았던 사람은 아마도 '원어민'의 의미를 확대 해석하고 있었을 겁니다. 의사소통에 큰 문제가 없고 유창하게 영어를 말한다는 인상을 주면 원어민이라는 식으로 말이에요.

이 사람을 비롯해 자칭 원어민이라고 주장하는 한국인은 도대체 영어 실력이 어느 정도일까요? 한번 냉정하게 따져 봅시다. 이해를 돕기 위해 한국어를 배우는 외국인의 예를 들어 볼게요. 한국에 살면서 한국어를 공부하고 있는 외국인이 한국인과 이런 대화를 나눴다고 가정해 봅시다.

한국인 뭐 드시고 싶은 음식 있어요?

외국인 할뭐뉘그아 했는 순대쿡밥칩 인는데이 커기 할뭐뉘 손맛이 클내주어요우.

한국인 손맛이라는 단어도 아세요? 한국 사람 다 되셨네! 한국어를 어쩜 그렇게 잘하세요?

그 후에 이 외국인이 고향 친구들에게 "한국 사람이 나한테 원어민 같다고 했어."라며 자랑을 늘어놓았다고 합시다. 이 에피소드를 읽고 어떤 생각이 드시나요?

그렇습니다. 지금 여러분 머릿속에 떠오른 생각, 바로 그것이 '진짜' 원어민이 '자칭' 원어민을 볼 때 하는 생각입니다.

저 역시 원어민들에게 미국 사람이냐, 혹시 교포 아니냐 하는 질문을 많이 받습니다. 하지만 이를 조금도 자랑스럽게 여기지 않아요. 왜냐하면 첫째, 원어민이 아니라는 스스로의 한계를 인지하고 있기 때문이고 둘째, 이런 말들은 대화 상대의 기분을 배려한 칭찬, 그 이상도 이하도 아니라고 보기 때문입니다.

만약 저를 칭찬한 원어민들이 저와 비즈니스 관계로 얽혀 있고 제 영어 실력을 냉정하게 평가해야 하는 위치였어도 똑같이 귀에 듣기 좋은 말만 했을까요? 아마 아닐 겁니다. 기껏해야 '외국인치고는 준수한 영어 실력' 정도로 평가하지 않았을까요. 배려 섞인 칭찬과 객관적인 평가는 엄연히 다른 법이니까요.

그런데 사교육 시장에는 이런 배려 섞인 칭찬 몇 마디 들은 수준으로 자기 자신을 원어민으로 포장해 마케팅을 하는 사람들도 있습니다. 그중에는 정말 뛰어난 영어 실력을 갖춘 사람들도 있지만 대부분은 솔직히 그렇지 않죠. 진실을 모르는 사람들은 그들을 추종하고 자신도 원어민이 될 수 있다는 착각에 빠져 매번 헛돈을 쓰고 후회하기를 반복합니다.

이렇게 해서라도 전 국민의 영어 실력이 나아진다면야 이런 마케팅 전략을 필요악이라고 볼 수도 있겠지만 현실은 전혀 그렇지 않습니다. 애초에 원어민의 가면을 쓴 영어 교육자들이 편법만 찾는 학습자들을 이끌고 다녀 봤자 결과는 불 보듯 뻔합니다. 이런 식의 영어 학습은 늘 시작만 요란하고 별 소득 없이 끝나는 경우가 부지기수니까요.

이런 악순환의 고리를 끊기 위해 반드시 선행되어야 하는 과정이 있습니다. 바로 '이번 생에는 아무리 열심히 공부해도 절대 원어민이 될 수는 없다.'라는 사실을 직시하고 받아들이는 것입니다.

이건 전혀 나쁜 말이 아닙니다. 포기를 조장하는 말도 아닙니다. 왜 모든 사람이 원어민이 되어야 하나요? 원어민 수준으로 완벽한 영어가 모두에게 필요하진 않습니다. 자신에게 필요한 영어가 어느 정도 수준인지 냉철하게 따져 보고 딱 그만큼의 영어 실력을 갖추기 위해 꾸준히 나아가는 편이, 신기루에 불과한 '영어 원어민 되기'라는 목표를 좇아 한두 걸음 내딛다가 너무 멀다고 멈춰 버리는 것보다 훨씬 더 현명한 선택일 것입니다.

영어 공부, 대체 왜 하세요?

몇 년 전에 통번역사를 준비하는 학생들이 아닌 일반 대중을 상대로 영어 회화 수업을 한 적이 있습니다. 다양한 매체를 활용해 실생활에서 쓰는 표현을 알려 주고, 주말 스터디 시간을 따로 마련하여 학습자들이 배운 내용을 직접 영어로 말해 볼 수 있도록 커리큘럼을 짰지요. 어느 날, 주말 스터디에 참가할 예정이었던 학생이 따로 연락을 취해 왔습니다.

"선생님, 오늘 스터디 시작 전에 잠시 상담 가능한가요?"
"네, 그럼요. 질문할 내용 적어서 준비해 와 주세요."

스터디 시작 30분 전쯤 그 학생과 만나 상담을 시작했습니다. 그는 자신에게 맞는 영어 공부법을 알고 싶다고 했습니다. 그 질문을 받자마자 저는 그 학생에게 되물었죠.

"A 씨는 영어를 공부하는 목적이 뭔데요?"

"…."

제 질문에 그는 허를 찔린 듯한 표정을 지어 보였습니다. 자신이 왜 영어를 공부해야 하는지 진지하게 생각해 본 적이 없다는 사실을 깨닫고 스스로 꽤 놀란 표정이었어요.

한참을 고민한 후 그는 "회사에서 일할 때 영어가 필요해서요…." 라는 막연한 대답을 겨우 내놓더군요. 그래서 그에게 이렇게 말했습니다.

"그런 막연한 이유로는 영어 공부에 성공하기 어려워요. 좀 더 시간을 두고 A 씨에게 필요한 영어가 무엇인지 최대한 구체적으로 정의해 보세요. 그 과정이 먼저 이루어져야 구체적인 학습 전략을 세우는 의미가 생겨요."

몸이 불편해서 병원을 찾는 사람은 어디가 불편한지, 어떤 변화를 원하는지 확실히 알고 있습니다. 이를테면 허리를 숙일 때마다 너무 아파서 허리에 침을 놔 주기를 원한다든지, 찬물을 마실 때마다 이가 시려서 충치 치료를 받고 싶다든지 하는 식이죠.

그런데 영어를 공부하려고 영어 교육 업체나 서비스를 찾는 사람들은 의외로 자신에게 뭐가 필요한지, 어떤 변화를 원하는지 고찰하는 과정을 쉽사리 건너뛰어 버립니다. 왜 영어 공부를 해야 하는지 스스로 충분히 고민하지 않다 보니, 엉뚱한 내용을 익히느라 시간을 허비하기 일쑤입니다. 회의 시간에 혼자 영어로 소통하지 못해 주눅이 든다면서 토익 문제만 주야장천 풀기도 하고, 외국인 손님을 영어로 응대하고 싶다면서 전화 영어 시간에 취미 이야기만 잔뜩 연습하기도 합니다.

원어민이 되겠다는 신기루 같은 목표를 세우고 매번 실패하는 것도 문제이지만, 왜 영어 공부를 해야 하는지 충분히 고민해 보지도 않고 손에 잡히는 대로 아무렇게나 영어 공부를 하는 것도 그에 못지않게 큰 문제입니다. 공부를 하는 동기가 모호하니 아무리 노력해 봤자 대부분 헛수고로 끝나고 유의미한 결과가 없으니 또다시 금세 포기해 버리는 악순환이 되풀이됩니다.

나에게 필요한 영어 공부가 뭔지도 모른 채 그저 남들이 다 하니까 불안해서 따라 하는 방식으로는 절대 성공할 수 없습니다. 성공적인 영어 공부는 나에게 필요한 영어 공부가 무엇인지 구체적인 정의를 내리는 것부터 시작됩니다.

이제 스스로에게 물어봅시다.

"영어 공부, 대체 왜 하는가?"

당신에게 영어는 생각보다 중요하지 않습니다

막연하게 영어 공부를 하는 사람들이 자기도 모르게 갖고 있는 고정 관념이 있습니다. 바로 '나는 영어를 매우 잘해야 한다.'라고 생각하는 것입니다.

하지만 이런 생각은 크게 잘못됐습니다. 시험 점수로 학생들을 줄 세우는 한국 학교를 다니면서 무의식중에 생겨난 고정 관념에 불과합니다. 막상 냉정하게 따져 보면 당신의 인생에서 영어는 그리 중요하지 않습니다.

"나한테 영어가 중요하지 않다고?"

영어 공부를 하려고 책을 집어 든 독자에게 이 말은 꽤 황당하게 들릴 수도 있습니다. 하지만 엄연한 사실입니다. 그 명백한 증거가 아주 가까운 곳에 있죠.

바로 당신이 아직도 영어를 잘 못한다는 사실입니다.

인간은 절실하게 필요한 일이라면 남이 시키지 않아도 알아서 배우고 실행하는 동물입니다. 배가 고프면 늦은 밤에도 음식을 찾아 냉장고를 이 잡듯이 뒤지고, 화장실이 급하면 평소 운동을 싫어해도 필사적으로 뛰기 시작합니다. 심지어 운전 중에도 너무 피곤하면 목숨을 걸고라도 졸 지경이니 말 다했죠. 식욕, 배변욕, 수면욕… 이 욕구들에는 공통점이 있습니다. 제때 충족해 주지 않으면 생명에 지장이 생긴다는 점입니다.

그런데 영어는 어떤가요? 영어를 못한다고 당장 목숨이 위협받지는 않습니다. 그럼 목숨까지는 아니더라도 생계를 위협당하는 상황이라면 어떨까요?

"다음 달까지 토익 950점 못 받으면 퇴사할 각오 해."

어느 날 갑자기 회사에서 이런 통보를 받는다면 어떻게 하시겠습니까? 그때도 어영부영하다가 결국 포기하고 말까요? 아마도 아닐 거예요. 월세, 대출 이자, 카드값 등등이 걱정되어 아무리 피곤해도 퇴근과 동시에 토익 학원으로 가게 될 겁니다.

하지만 대부분의 직장인에게 퇴근 후 영어 학원으로 향하는 일은 말처럼 쉽지 않습니다. 왜 그럴까요. 다들 게을러서일까요. 물론 그런 사람들도 더러 있죠. 하지만 근본적인 이유는 그들에게 탁월한 영어 실력이 그리 절실하게 필요하지 않기 때문입니다.

높은 공인 영어 시험 성적, 뛰어난 영어 회화 실력이 있으면 회사에서 두각을 드러내기가 조금은 더 쉽겠죠. 하지만 어디까지나 자신의 전문 영역에서 이미 잘하고 있을 때 이야기입니다. 탁월한 영어 실력은 어디까지나 부수적인 요소일 뿐이죠.

생각해 봅시다. 있으면 좋은 것이 어디 영어 실력뿐인가요? 뛰어난 사교력, 유창한 언변, 멋진 몸매, 가지런한 치아… 있으면 좋지만 없다고 크게 문제 되지 않는 것들은 셀 수 없이 많습니다. 탁월한 영어 실력도 그중 하나일 뿐이고요.

영어를 공부하는 것 자체는 문제가 아닙니다. '나에게 필요한 영어'가 아닌 막연하게 '탁월한 영어'만을 고집하는 게 문제죠.

"그래도 역시 나는 뛰어난 영어 실력이 필요해."

아무리 이렇게 되뇌어 봤자 우리 뇌는 속지 않습니다. 인간의 뇌는 생존(생계)에 도움이 되면 취하고 도움이 되지 않으면 버리는 일에 최적화된 기관이기 때문이죠. 영어가 생업에 직접 영향을 주지 않는다면 당신의 뇌는 끊임없이 영어 공부를 방해할 겁니다.

나에게 진정 필요한 영어 실력이 어느 정도인지 진지하게 고민해 봐야 하는 이유가 바로 이 때문입니다. 딱 필요한 만큼의 영어 실력을 갖추는 것을 목표로 삼고 실질적인 유익을 얻을 수 있는 방향으로 영어 공부를 해야 비로소 뇌가 협조적으로 변할 것입니다. 하늘은 속여도 우리 뇌는 못 속입니다. 끝까지 탁월한 영어 실력만 고집하며 억지를 부릴 시간이 있다면 그 시간을 아껴서 나에게 딱 필요한 영어에 집중해야 합니다.

행복은 성적순이 아니잖아요

"야, 너 몇 등이냐?"

"하아⋯. 나 진짜 미치겠다. 어떻게 8등이 떨어지냐."

"헐! 왜 그리 많이 떨어졌어?"

"영어 찍은 게 전부 다 틀렸어. 이러다가 뒷문 바로 옆으로 가는 거 아니냐?"

수능 모의고사 성적표가 나오면 고등학교 3학년 때 담임 선생님이 늘 하던 일이 있었습니다. 바로 학생들의 자리를 바꾸는 것이었죠. 우리 반 아이들은 1등부터 꼴등까지 모의고사 석차 순서대로 자리를 옮겨 앉아야 했습니다. 교실 왼쪽 앞에 놓여 있던 TV 바로 앞자리에 1등이 앉고 2등부터 순서대로 그 뒤에 앉았어요. 그렇게 그 줄 끝까지 자리가 차면 그 오른편 열 맨 앞자리부터 다음 등수 학생이 앉는 방식이었죠. 꼴찌를 한 아이는 찬바람 부는 뒷문 바로 근처에 앉아야 했고요.

바싹 긴장하고 학업에 매진하라는 뜻으로 취한 조치였지만, 지금 돌이켜 보면 참으로 극단적인 방법이었다는 생각을 금할 수 없습니다. 아무리 열심히 해도 교실 오른편 복도 쪽을 벗어나지 못하는 꼴찌 그룹이 저 멀리 왼편 창문 근처에 앉은 선두 그룹을 바라보며 얼마나 큰 패배감을 느꼈을까요.

객관식 시험에서 몇 점을 받았느냐에 따라 개인의 가치가 결정되는 시스템. 그 안에서 과정은 그다지 중요하지 않았습니다. 정답을 얼마나 많이 맞혔느냐만 중요했죠. 찍어서라도 문제를 더 많이 맞히기만 하면 높은 평가를 받을 수 있는 교육 제도. 정답 만능주의의 극치가 바로 한국 학교에 있습니다.

우리나라 학생들은 초등학교 저학년 때부터 고강도 정답 찾기 훈련을 받는데, 그렇게 십수 년에 걸쳐 연습하다 보면 결국 '정답은 무조건 좋은 것이고 나머지는 모두 무가치한 오답'이라는 이분법적 사고방식이 저절로 뼛속 깊이 자리 잡습니다. 그래서일까요. 성인이 된 뒤에도 우리는 정답을 모르면 문제를 풀어 보려는 시도조차 하지 않는 경우가 굉장히 많습니다.

완벽한 정답을 모르면 아예 포기해 버리는 태도, 이런 면모가 극명하게 드러난 사건이 있었습니다. 2010년 11월, G20 정상 회담을 위해 서울을 방문한 버락 오바마 전 미국 대통령이 기자 회견을 마치면서 각국 기자들과 질의응답을 진행했을 때였죠.

오바마 전 대통령 I feel obliged to take maybe one question from the Korean press. Since you guys have been such an excellent host.(이번에 개최국으로서 정말 훌륭한 역할을 해 주신 한국 측 기자 분들께 질문 기회를 드려야 할 것 같은데요.)

(몇 초간 침묵)

오바마 전 대통령 Anybody?(없나요?)

(한 기자가 손을 들자 오바마 전 대통령이 그를 지목한다.)

중국인 기자 Unfortunately, I hate to disappoint you, President Obama, I'm actually Chinese.(실망시켜 드린 것 같아 죄송한데요, 대통령님. 저는 사실 중국인입니다.)

오바마 전 대통령 (난색을 표하며) . . . in fairness, though, I did say that I was going to let the Korean press ask a question.(…그런데 제가 분명 한국인 기자에게 질문을 받겠다고 했으니, 한국 기자에게 기회를 드리는 게 맞겠습니다.)

중국인 기자 (한국인 기자들이 앉아 있는 자리를 바라보며) How about, will my Korean friends allow me to ask a question on your behalf? Yes or no?(그럼 혹시 한국 기자들에게 제가 대신 질문을 해도 될지 여쭙고 싶습니다. 제가 질문해도 될까요?)

오바마 전 대통령 Well, it depends on whether there's a Korean reporter who would rather have the question. No, no takers?

This is getting more complicated than I expected.(한국 기자 분들께 질문하실 의사가 있는지를 보고 결정하죠. 한국 기자 분들 중에 질문하실 분 안 계세요? 이런 상황은 예상 못 했는데.)

중국인 기자 Take quick, one question from an Asian, President Obama.(저도 아시아 기자이니 질문 하나만 받아 주십시오, 대통령님.)

끝까지 우리 기자의 질문이 나오지 않자 오바마 전 대통령은 결국 이 중국인 기자에게 우선 질문권을 주었습니다. 미국 기자들도 미국 대통령과 질의응답 기회를 얻기 어려운데 한국 기자들은 오죽하겠습니까. 그렇다면 한국 기자들은 왜 이런 천금 같은 기회를 눈앞에서 날려 버렸을까요? 물론 저돌적으로 손을 들어 유창한 영어로 질문하는 중국인 기자의 기세에 위축된 탓도 있었을 겁니다. 또는 '저 사람이 저렇게까지 질문하고 싶다는데 군이 그 기회를 빼앗아야 하나? 좋은 게 좋은 거지.' 하는 생각을 했을 수도 있죠.

하지만 이런 것들은 근본적인 원인이 아닙니다. 미국 대통령은 비영어권 국가에서 진행되는 일정을 소화할 때 미 국무부 출신 대통령 전담 통역사를 항상 대동합니다. 당시에도 오바마 전 대통령은 한국어 질문을 영어로 통역해 달라고 요청했습니다. 그런데 단지 중국인 기자의 유창한 영어 실력에 기가 눌려서 질문을 못 했다는 건 납득하기 어렵죠. 다른 나라 기자가 간절히 원하니 양보했다는 것도 상식적으로 이해가 안 됩니다. 도대체 언제부터 한국 기자들이 타 언론사 기자가 간절히 질문하고 싶어 한다고 질문권을 양보했나요?

이런 민망한 상황이 연출된 진짜 원인은 따로 있습니다. 당시 한국인 기자들이 그 상황에서 어떤 질문을 하는 것이 '정답'인지 재빨리 답을 찾지 못했기 때문입니다. 어차피 정답을 내지 못할 바엔 체면이라도 지키고 보자는 사고방식, '가만히 있으면 중간이라도 간다.'라는 사고방식이 빚어낸 상황인 거죠. 완벽 아니면 무無를 취하는 우리의 안타까운 일면을 보여 주는 사례였습니다.

이런 정답 만능주의, 완벽주의 성향은 영어 학습에도 악영향을 끼치곤 합니다. 실제로 유학파처럼, 교포처럼, 원어민처럼 완벽에 가까운 영어를 해야 한다고, 그에 미치지 못하는 수준의 영어는 무가치하고 쓸모없고 부끄럽다고 여기는 사람들이 충격적으로 많습니다. 이들은 어중간하게 영어를 하기 싫다는 마음에, 자신이 현실적으로 도달할 수 있는 영어 실력 수준은 전혀 고려하지 않은 채 밑도 끝도 없이 원어민이 되려고만 하죠.

한 살짜리 아이가 한순간에 스무 살 청년이 될 수 없듯이 영어 실력이 0인 사람이 중간 과정 없이 100에 도달할 수는 없는 법입니다. 처음에는 10을 목표로, 그다음엔 15를 목표로 조금씩 영어 실력을 키워 나가다 보면 자연스럽게 100에 가까운 영어 실력을 갖출 수 있습니다. 그런데 중간 과정을 모두 무시한 채 맹목적으로 완벽한 영어만 바라보며 의욕만 앞세워 공부를 하니 유의미한 결과를 얻을 수 없는 겁니다.

여섯 달만 공부하면 된다는 함정에 빠지지 마세요

완벽한 영어만을 고집하는 학습자들은 사교육 업계에 철저하게 이용당하는 경우가 무척 많습니다. 학습자 스스로 원어민이 될 수 있다는 착각에 빠져 있기 때문에 사교육 업체가 이 부분을 파고들어 학습욕을 자극한 다음 이들의 지갑을 여는 건 식은 죽 먹기죠.

'당신도 얼마든지 원어민이 될 수 있다.'라는 감언이설에 사람들이 지갑을 열자 언젠가부터 영어 사교육 시장에 '여섯 달 만에 원어민이 되었습니다!' 하는 마케팅이 유행하기 시작했습니다. 그 한가운데에는 느지막하게 영어 공부를 시작해서 기적적으로 여섯 달 만에 또는 1년 만에 원어민이 되었다는 인물이 항상 존재합니다. 단기간에 원어민이 되었다는 외국어 천재 이야기, 안타깝지만 모두 허상입니다.

그들의 영어 실력을 폄하하고 싶은 생각은 추후도 없습니다. 하지만 기초도 모르는 상태에서 여섯 달에서 1년 동안 영어 공부를 했을 때, 원어민 수준이 되기는 아예 불가능합니다. 특히 영어는 언어 구조가 한국어와 조금도 비슷하지 않기 때문에 여섯 달은 턱없이 부족한 시간이죠.

아마도 그들은 둘 중 하나일 겁니다. 영어 공부 환경을 속였거나, 진짜 영어 실력을 숨겼거나. 대부분은 둘 다 해당하죠. 12년 공교육 과정에 영어 교과목이 계속 포함되어 있는데 그 배경을 완전히 무시한 채 알파벳도 모르는 상태에서 여섯 달 만에 원어민이 된 것처럼 포장하는 건 옳지 않습니다. 이런 사람들은 영어 실력이 급격히 빠르게 개선된 특정 기간에만 초점을 맞춰 무용담을 늘어놓곤 하는데 전후 맥락을 따져 보면 실상은 딴판인 경우가 많습니다.

주식의 '주' 자도 모르던 풋내기 개미 투자자가 10년간 투자에 계속 실패하다가 11년 차에 대박이 났다고 가정해 봅시다. 만약 이 사람이 '주식으로 1년 만에 50억 벌기'라는 책을 써서 낸다면 아마 수많은 독자들을 현혹할 수 있겠죠. 하지만 주식에 대한 지식이 전무한 독자들이 이 책을 읽는다고 이 사람의 성공을 1년 만에 재연할 수 있을까요? 턱도 없는 소리죠. 그런데 사람들은 실패한 10년은 무시하고 대박 난 1년에만 주목하여 이 사람의 투자 전략을 따르려고 합니다. 죽어라 열심히 따라 해 봤자 남는 건 돈 낭비, 시간 낭비뿐인데 말이에요.

기적적으로 누군가 단기간에 놀라운 영어 실력에 이르렀다고 합시다. 대부분은 매우 특수한 환경에서 거둔 성과일 거라고 확신합니다. 영어권 국가에서 외국인과 끊임없이 부대끼며 치열하게 영어를 익혔다든지, 원어민과 연애를 하거나 결혼을 했다든지 하는 경우 말입니다. 한국에서 평범하게 영어를 공부하는 사람들이 이 성공 신화를 믿고 단기 영어 학습에 열을 올려 봤자 결과는 불 보듯 뻔합니다. 여섯 달이 지난 뒤에 원어민이 되어 있기는커녕 영어에 대한 거부감만 잔뜩 높아져 있을 가능성이 다분합니다.

사람들이 이런 사실을 몰라서 허황된 마케팅을 펼치는 사교육 업체에 지갑을 여는 걸까요? 아닙니다. 사람들은 그리 우매하지 않아요. 조금만 살펴봐도 자칭 원어민들이 어떤 환경에서 얼마만큼 영어 공부를 했는지 쉽게 파악할 수 있습니다. 그리고 여섯 달 안에 본인이 그들처럼 영어를 구사하기란 아마도 어려울 것이라는 사실도 대부분 인지하고 있어요.

그런데도 이들이 지갑을 여는 것은 확률 무시 현상_{probability neglect 또는 the neglect of probability}*과 관련이 있습니다. 몇 주 만에 영어 자막 없이 영화를 보고 여섯 달 만에 원어민이 된다는 문구는 소비자의 확

---

* 인지 편향認知偏向, Cognitive bias의 한 예로, 극단적인 결과에 현혹되어 그 결과가 실제로 발생할 확률을 무시해 버리는 인지 오류를 가리킨다. 일례로 비행 공포증을 들 수 있다. 이동 중 비행기보다 차량을 이용할 때 사망이나 부상 확률이 높은데, 사람들이 자동차 사고보다 비행기 사고를 훨씬 더 두려워하는 현상이다. 확률 무시 현상은 극단적으로 좋은 결과를 접했을 때에도 발생한다. 한국에서 로또에 당첨될 확률은 800만 분의 1에 불과한데도 사람들은 그 가능성을 믿고 로또를 산다.

률 무시 성향을 노린 마케팅 수단에 불과합니다. 이런 자극적인 문구에 노출된 소비자들은 눈 뜨고 코 베이는 형국으로 머리로는 안 되는 줄 알면서 본능적으로 지갑을 여는 거예요.

이러한 마케팅 전략은 이윤을 추구하는 사업가 관점에서는 돈 벌어다 주는 확실한 수단일지 몰라도, 양심 있는 교육자 관점에서는 너무나 개탄스러운, 한국인의 영어 잠재력을 좀먹는 암적인 존재입니다. 그리고 상업적인 마케팅에 지친 영어 학습자들은 인내심을 잃고 아예 도전을 포기하곤 합니다. 애초에 단기간에 할 수 없는 공부인데 너도나도 사탕 발린 말을 하고 있으니 장기적으로 진정성 있게 영어를 가르치는 커리큘럼은 오히려 답답해 보입니다. 다시 말해 길게 보고 차근차근 영어를 배우면 충분히 성과를 얻을 수 있는 사람들까지도 나가떨어져 버리게 되는 거죠.

영어 못하는 건 부끄러운 일이 아닙니다

"그땐 프로듀서 오빠가 혀를 막 더 굴리라고 하고 그랬어요."

2000년대 초반에 활발하게 활동했던 교포 출신 가수가 방송에서 했던 말입니다. 이 프로듀서는 왜 정확한 발음보다 어설픈 '교포'

같은 발음을 요구했을까요? 이유는 간단합니다. 영어를 잘하면 시쳇말로 '있어 보이기 때문'입니다.

한국 사람들은 다들 배경이 어떻든 영어 잘하는 사람을 동경하는 경향이 있습니다. 남녀노소를 막론하고 영어를 유창하게 구사하는 모습을 보면 '달라 보인다.' 또는 '멋있다.' 같은 반응을 보이죠. 심지어 교포가 영어를 하면 '멋있다.' 혹은 '뇌섹남이다.' 혹은 '뇌섹녀이다.' 같은 칭찬을 늘어놓는데 따지고 보면 참으로 황당합니다. 모국어가 한국어인 한국 사람이 한국어 잘한다고 칭찬받는 모습, 본 적 있으세요? 만일 당신에게 이런 상황이 벌어진다면 매우 당혹스러울 거예요. 그런데 영미권 국가에서 낙제생이었던 사람도 바다만 건너오면 곧바로 '브레인'으로 둔갑하는 케이스가 종종 있습니다. 참으로 기이한 일이 아닐 수 없습니다.

반대로 영어를 못하는 사람들은 대놓고 무시하거나 놀리는 경우를 흔히 볼 수 있습니다. 예능 프로그램에서 영어 잘하는 사람이 '영어 무식자' 콘셉트의 출연자를 놀리는 장면을 심심치 않게 만날 수 있죠. 이처럼 영어가 유창하지 않은 사람을 희화화하는 모습이 대중 매체에 반복적으로 나오면 대중은 '영어를 못하는 것은 부끄러운 일이다.'라는 명제를 무의식중에 '참'으로 받아들이게 됩니다. 콘텐츠 제작자와 출연진도 크게 보면 대중의 일부이기 때문에 이 명제가 대중적으로 받아들여지기 시작하면 그들 역시 영향을 받을 수

밖에 없습니다. 결국 '영어를 못하는 것은 부끄러운 일이다.'라는 사고방식이 대중 매체에서 대중으로 흘러 들어가고 이것이 다시 대중 매체 제작자와 출연진에게 흘러 들어가 그들이 만드는 콘텐츠에 녹아드는 악순환의 고리가 형성됩니다.

지금까지 나온 내용을 종합해 봅시다. 많은 사람들이 어릴 때부터 완전무결한 정답만 중요하고 나머지는 무가치하다고 끊임없이 우리를 세뇌하는 교육을 받습니다. 그렇게 성인이 되고 나면 사교육 업계는 정답에 해당하는 원어민 수준의 영어를 단기간에 구사할 수 있게 해 준다며 사람들을 돈벌이에 이용합니다. 그리고 완벽에 가까운 영어를 구사하려면 반드시 거쳐야 할 어설프고 부족한 단계의 영어는 사회에서 희화화되고 놀림감이 되고 맙니다.

상황이 이러니 원어민이나 교포처럼 영어를 할 수 없다면, 내 영어 실력이 0이든 20이든 50이든 어차피 똑같이 무가치하고 창피한 것이라는 생각이 무의식중에 자리 잡을 수밖에 없습니다. 그리하여 내 삶에 정말 필요한 만큼의 영어를 익힐 동기조차 전혀 부여되지 않는 것입니다. 많은 사람들이 나에게 필요한 만큼만 영어를 익혀서 훨씬 더 풍성한 일상을 누릴 수 있는데도 '모(완벽한 원어민 영어) 아니면 도(영어 포기) 식'으로 공부를 아예 손놓아 버리는 셈이죠.

'영어 잘하는 나'를 머릿속에 그려 보세요

학교에는 언제나 공부를 잘하는 학생이 있고 못하는 학생이 있습니다. 이 둘의 차이는 무엇일까요?

우등생과 열등생을 결정짓는 요소에는 타고난 지능이나 부모의 사회경제적 지위 등 다양한 조건이 있지만, 그건 모두 부수적인 것에 지나지 않습니다. 엄청난 경쟁을 뚫고 우등생만 들어갈 수 있는 대학교에 들어가도 그 안에서 자연스레 우등생과 열등생 그룹이 나뉩니다. 지능도 그대로, 부모의 사회경제적 지위도 그대로이지만 누군가는 한순간에 열등생이 되어 버리죠.

우등생과 열등생을 가르는 가장 중요한 요소는 바로 '긍정적 자아 형성'이 아닐까 합니다. 우등생들은 어린 시절부터 긍정적인 자아가 잘 형성되어 있습니다. 어느 날 무심코 집어 든 책을 보고 있는데 어른들의 칭찬이 쏟아지고, 그 칭찬을 더 듣고 싶어서 책을 가까이하다 보니 또래에 비해 인지 발달과 지적 발달이 더 빠르게 이뤄지는 식이죠. 자연스레 학교에서도 우수한 성적을 받고 이제는 부모뿐 아니라 교사도 한껏 칭찬해 줍니다. 그 과정에서 '나는 우등생이다.'라는 긍정적 자아가 형성되고, 이 자아를 지켜 내고 싶은 욕구가 동인이 되어 더 열심히 학업에 임하게 됩니다.

완전히 반대되는 케이스도 있습니다. 타고난 성향이 외향적이고 책을 붙잡고 앉아 있는 걸 못 참는 경우, 어린 시절 긍정적 자아를 형성하기가 매우 어렵습니다. 이런 아이들은 공부보다는 나가서 뛰놀며 다양한 경험을 하고 싶어 하는데, 일반적인 어른이 '성실성'을 판단하는 기준이 '공부를 얼마나 열심히 하느냐.'인 경우가 대부분이기 때문입니다. 그러다 보니 이런 아이들에게는 '불성실하다.'라는 낙인이 자연스레 따라다니고, 자아가 부정적인 방향으로 형성될 가능성이 높아집니다. 결국 자기 효능감[*]이 현저히 떨어져 유의미한 학업 성과를 얻기가 어려워집니다.

하지만 이런 아이들 가운데 대학에 가서 두각을 드러내는 경우가 종종 있습니다. 고등학교 때 성적이 비슷했던 아이들과 모여 있게 되니 그제야 자신이 친구들보다 나은 점이 무엇인지 발견하고 긍정적 자아 형성을 경험하게 되는 겁니다. 그렇게 조금씩 성과를 내다가 과에서 수석이라도 한번 하고 나면 억눌려 있던 학업 잠재력이 드디어 진가를 발휘하죠.

지인 중에 실제로 이런 사람이 있습니다. 고등학교 내내 불량 학생이었던 같은 반 친구였는데 '노는 아이들'과 어울리며 공부를 멀리했고 상상할 수 있는 사고란 사고는 다 쳤던 것 같아요. 뒤늦게 공부의 필요성에 눈을 떴지만 그동안 낭비한 시간을 따라잡기에는 역부

---

* 어떤 과업을 자신이 적절한 행동을 함으로써 수행할 수 있다고 믿는 신념 또는 기대감.

족이었죠. 결국 이 친구는 변변한 대학에 가지 못했습니다. 군 제대 후 이 친구 소식을 들었는데 편입으로 이른바 SKY 대학에 들어갔다고 하더군요. 연락이 끊긴 지 오래되어 그사이에 정확히 무슨 일이 있었는지는 알 수 없지만, 어떤 식으로든 긍정적인 자아가 재형성된 결과라고 확신합니다.

이제 영어를 못하는 지금 내 모습을 생각해 봅시다. 나는 왜 영어를 못할까요? 언어적 재능이 떨어져서? 부모님이 어릴 때 좋은 영어 학원에 보내 주지 않아서? 모두 아닙니다.

내가 영어를 못하는 가장 큰 이유는 스스로 형성해 놓은 자아상에 '영어를 잘하는 내 모습'이 없기 때문입니다. 살면서 영어를 잘한다는 말을 한 번도 들어 본 적이 없고, 영어로 한마디만 하면 놀림을 받거나 자괴감에 젖는 사람이 영어를 잘하게 되기란 매우 어렵습니다. 공부를 게을리해도 '어차피 나는 영어를 못해.'라는 생각 때문에 금세 자기 합리화를 해 버립니다. 이런 사람이 영어를 잘하려면 무엇보다 영어 학습자로서의 자아상부터 완전히 바꿔 나가야 합니다.

물론 긍정적 자아를 형성하려면 의지력만으로는 안 됩니다. 스스로 영어를 배우고 대하는 방식이 실제로 변해야 합니다. 이런 변화가 반드시 '불량 학생'이 명문대 편입에 성공하는 수준으로 극적일 필요는 없습니다. 아주 간단한 사고의 전환만으로 '영어 학습자로서의 나에 대해 긍정적인 자아를 형성할 수 있습니다.

영어 공부는 단기 투자자처럼 하세요

초기 투자금 2000만 원으로 시작해 스물일곱 살에 월세 150만 원을 벌어들이는 수입 구조를 만든 젊은 투자자의 인터뷰를 본 적이 있습니다. 스물일곱이면 보통 대학 졸업하고 취업 준비 중이거나 취업 후 소득이 조금씩 생겨 휴가 때 해외여행 다니는 재미에 빠질 나이입니다. 그런데 이 사람은 스물여섯에 이미 경매 공부를 시작했고 지출을 줄이려고 도시락까지 싸서 다니며 얼마 되지도 않는 월급을 악착같이 모아 1년 만에 초기 투자금 2000만 원을 만들었다고 하더군요. 그렇게 시작해서 그가 몇 년 만에 남긴 시세 차익이 무려 10억. 이런 일이 어떻게 가능했을까요?

"돈을 (악착같이) 모으는 것도 (…) 내가 이렇게까지 해야 하나 싶은 생각도 순간순간 들었는데 일단 수익이 나기 시작하니까 너무 재미있는 거예요."

남들처럼 돈을 허투루 쓰지 않고 독하게 초기 투자금을 마련한 끈기와 의지력도 남달랐겠지만, 결정적으로 그가 이토록 젊은 나이에 투자에 대한 열정을 잃지 않을 수 있었던 비결은 바로 어느 순간 '돈 버는 재미'를 느꼈기 때문입니다.

사람들은 재미를 느끼면 시키지 않아도 알아서 합니다. 초등학생 자녀에게 '제발 게임 좀 해라.', '제발 TV 좀 봐라.' 하는 말을 하는 부모는 아마 없을 거예요. 아이들은 재미가 있으니 시키지 않아도 알아서 게임을 하고 TV도 봅니다. 낚시 같은 취미도 억지로 누가 시켜서 하면 절대 오래가지 않을 거예요. 하지만 월척을 낚아 '손맛'을 제대로 느껴 본 사람은 엄동설한에도 아랑곳하지 않고 장비를 들고 낚시터로 향합니다.

영어를 공부하는 사람들도 마찬가지로 '재미'를 느끼고 나면 누가 시키지 않아도 즐기면서 하게 됩니다. 재미있는 학습 자료, 재미있는 학습 방법도 중요하지만 그보다 더 중요한 게 있습니다. 바로 '성취의 재미를 경험하는 것'입니다.

하지만 이걸 가로막는 커다란 장애물이 있습니다. 그건 바로 완벽한 영어, 정답에 해당하는 영어, 원어민 수준의 영어만 좇으라고 부추기는 현실입니다. 언제 갖추게 될지 모르는 완벽한 영어만 바라보며 공부하라고 조언하는 것은, '돈 버는 재미'도 못 느껴 본 초보 투자자에게 장기적으로 보고 어떻게든 무조건 버티면 대박 날 수 있다고 무책임하게 이야기하는 것이나 다름없습니다.

영어 공부는 장기 투자 하듯이 덤벼들면 안 됩니다. 앞서 여러 번 강조했듯이 평범한 한국인이 원어민처럼 완벽한 영어 실력을 갖추는 것은 30년, 40년 공부를 해도 불가능합니다. 수십 년 뒤에 무조건 수익을 챙길 수 있다는 장기 투자 상품에 가입했다가 하락장에 손해 보고 중도 해지하는 초보 투자자처럼 되지 않으려면, 단기 투자자의 자세로 영어 공부를 대해야 합니다.

지금 당장 학습 목표를 다시 세우십시오. 금방 수익을 낼 수 있는 상품에 전략적으로 투자해 이익을 즉각 현금화하는 단기 투자자처럼, 단기간에 반드시 성취할 수 있는 현실적인 목표를 세워 봅시다. 이를 통해 '영어 학습 목표를 성취하는 재미'를 바로바로 쏠쏠하게 느껴 보세요.

왜 영어 공부를 하려고 하시나요? 여러분에게 영어는 얼마나 중요한가요? 스스로를 향해 진지하게 물어봅시다. 그리고 완벽한 영어만 추구하느라 정작 나에게 꼭 필요한 수준의 영어 실력을 갖추려는 노력은 소홀히 하지 않았는지 돌아봅시다.

영어 학습자로서 당신의 자아상은 어떤가요? 학습자로서 긍정적인 자아를 형성할 수 있도록 작은 성취의 경험부터 자기 자신에게 선물해 보세요. 별것 아닌 수준의 영어, 하지만 당신에게 꼭 필요한 만큼의 영어와 또 다른 잠재력이 만나면 새로운 기회, 새로운 세상이 열릴지도 모릅니다.

그리고 혹시 아나요? 단기간 작은 성과만 내고 만족하려 했던 영어 공부에 진짜 재미를 느껴서 아주 나중에 원어민에 가까운 영어를 구사하게 될지도 모르죠.

이제, 희망 찬 미래를 향한 부푼 마음과 완벽에 집착하는 부담을 떨친 가벼운 마음, 준비되셨나요? 그럼 지금부터 당신에게 필요한 상황에서 무조건 통하는 영어를 압축해서 공부해 봅시다.

표현과 문법,
뭘 먼저 공부할까요?

"문법 공부, 꼭 해야 하나요?"

제가 EBS에 출연했을 때, 시청자들이 게시판을 통해 많이 물어 온 질문입니다. 문법 공부를 해야 한다는 사람도 있고 필요 없다는 사람도 있어서인지, 영어를 배우는 입장에서 혼란스러워하는 경우가 많은 듯합니다.

그래서 그때 저는 더 단호하게 말했습니다.

"문법 공부, 꼭 하셔야 해요."

따지고 보면 당연하지 않나요? 언어를 배운다면서 그 언어를 활용하는 규칙을 공부할 필요가 없다니, 어불성설이죠.

여기까지 읽고 뽀얗게 먼지가 쌓여 있는 영문법 책을 꺼내 1형식부터 공부하겠다고 나설 분들이 있을 것 같아서 더 구체적으로, 더 명확하게 제 말에 숨어 있는 뜻을 설명해 드리겠습니다.

문법은 당연히 공부해야 합니다. 하지만 영문법 책에 나와 있는 모든 문법을 순서대로 공부할 필요는 없습니다. 특정 문법이 필요할 때, 특정 문법을 몰라서 영어로 말을 하거나 글을 쓰기 힘들 때, 그 순간에 필요한 문법만 찾아서 공부해도 충분합니다.

한국인이 영문법 공부에 실패하는 가장 큰 이유는 쓸모없는 문법부터 공부하다가 제풀에 지치기 때문입니다. 다섯 가지 문장 형식을 익혔다고 당장 영어로 커피 한 잔이라도 주문할 수 있나요? 그렇지 않습니다. 이렇게 실제로 도움도 안 돼 보이는 문법을 일단 공부하라고 닦달을 해 대니 의욕이 생길 리가 있나요. 게다가 어렵게 문법을 다 외워 놔도 당장 쓸 데가 없으니 금세 잊어버리고 맙니다. 하지만 영어로 커피를 주문할 때 필요한 표현을 먼저 익힌 다음에 그 문장에 어떤 문법이 쓰였는지 궁금해졌을 때 문법 책을 꺼내 공부한다면, 훨씬 잘 이해할 수 있을 뿐 아니라 훨씬 오래 기억할 수 있을 겁니다.

그래서 이 책에서는 상황별 표현을 익힌 다음에 문법을 공부할 수 있도록 구성했습니다. 나에게 필요한 영어 표현을 먼저 살펴보고, 문법까지 공부하고 싶다고 느껴지면 뒤로 넘어가서 보라는 취지입니다. 배운 영어 표현을 실제로 써먹다 보면 분명히 문법이 궁금해질 거예요. 그때 필요한 문법을 찾아보고 공부하면 됩니다.

가벼운 마음으로 출퇴근 지하철에서, 잠들기 전 침대에서 이 책을 자주 꺼내 보세요. 순서대로 다 외워야지 하는 마음을 버리고 그때그때 필요한 표현, 궁금한 문법을 찾아 조금씩 익혀 보세요. 매일 꾸준히 영어를 접하다 보면 자연스레 영어가 재미있어지고 실력이 향상되는 경험을 할 수 있을 겁니다.

무조건 통하는 영어 표현,
이렇게 공부하세요

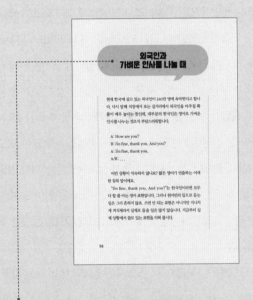

1. 나에게 필요한 상황에 맞는 영어 표현 찾기

평범한 일상이나 직장에서 또는 해외여행을 떠났을 때 영어를 쓸 만한 상황을 엄선하여 정리해 두었습니다. 영어가 필요할 때 자신의 상황에 맞는 표현을 차례에서 찾아봅시다.

2. 쉽고 간단하지만 원어민이 흔히 쓰는 영어 표현 익히기

조금만 시간을 투자해도 금방 익힐 수 있는, 쉽고 간단하지만 원어민이 흔히 쓰는 영어 표현들을 꼼꼼하게 정리해 두었습니다. 학습자의 영어 실력이 천차만별인 점을 고려하여 다양한 난이도의 표현을 배치했습니다. 자신의 영어 실력에 맞는 표현을 골라 익혀 보세요. 공부할 때는 반드시 입으로 소리 내어 말해 봅시다. 말해 보지 않고 머리로만 익힌 표현은 절대 입 밖으로 나오지 않는다는 사실, 꼭 명심하세요!

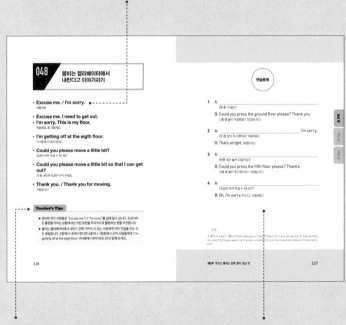

3. Teacher's Tips 훑어보기

영어 표현을 다 살펴봤다면 하단에 나와 있는 Teacher's Tips를 읽어 보세요. 혼자서 영어 표현을 공부할 때 머릿속을 스치는 궁금증을 해결하는 데 도움이 될 거예요.

4. 연습문제 풀어 보기

하나의 주제가 끝날 때마다 공부한 내용을 직접 확인할 수 있도록 연습문제를 넣어 두었습니다. 영어 표현을 얼마나 익혔는지 스스로 점검해 보고 다음 주제로 넘어가 주세요.

-제2부-

무조건
통하는
압축
영어

: 일상 편

외국인과
가벼운 인사를 나눌 때

현재 한국에 살고 있는 외국인이 240만 명에 육박한다고 합니다. 다시 말해 직장에서 또는 길거리에서 외국인을 마주칠 확률이 매우 높다는 뜻인데, 대부분의 한국인은 영어로 가벼운 인사를 나누는 것조차 부담스러워합니다.

A: How are you?
B: I'm fine, thank you. And you?
A: I'm fine, thank you.
A/B: . . .

이런 상황이 익숙하지 않나요? 짧은 영어가 연출하는 어색한 침묵 말이에요.

"I'm fine, thank you. And you?"는 한국인이라면 모두 다 할 줄 아는 영어 표현입니다. 그러나 원어민의 입으로 듣는 일은 그리 흔하지 않죠. 쓰면 안 되는 표현은 아니지만 지나치게 격식체라서 실제로 들을 일은 많지 않습니다. 지금부터 실제 상황에서 쓸모 있는 표현을 익혀 봅시다.

001

How are you?
(잘 지내세요?) 하는 질문에 대답하기

- **Hey.**
  (비격식) 안녕.

- **How are you?**
  안녕? / 안녕하세요? / 잘 지냈어요?

- **Good.**
- **Great.**
  잘 지내요.

- **Couldn't be better.**
  정말 잘 지내고 있습니다.

- **Nothing much. (=Not much.)**
  그럭저럭 지내요.

Teacher's Tips

▶ "How are you?"라는 질문에 "How are you?"라고 똑같이 대답해도 된다니 진짜
인가요? 하는 질문을 받곤 합니다. 그렇습니다. 똑같이 "How are you?"라고 대답
해도 됩니다. 인사말은 말 그대로 인사말이지 특별한 정보를 요구하는 말이 아닙니
다. 그러니 간단한 인사말에 구구절절 설명을 할 필요가 없습니다. 따져 보면 한국
어도 비슷합니다. "안녕?"이라고 물었을 때 "응, 나는 안녕해. 오늘 아침도 잘 먹었고
전철에도 마침 자리가 있어서 앉아 왔거든."이라고 대답한다면 아마도 상대방이 적
잖이 당황할 거예요. "How are you?"라는 질문에는 간단하게 "How are you?"라
고 되물어 봅시다. 아마 자연스럽게 대화가 시작될 겁니다.

제2부 무조건 통하는 압축 영어: 일상 편

Nice weather, right?
(날씨 좋네요.) 하는 말에 대답하기

- **It is.**
  그렇네요.

- **Yeah. It's a beautiful day.**
  그러게요. 오늘 날이 너무 좋네요.

- **I know! Can't believe this weather!**
  그러니까요. 날씨가 어쩜 이렇게 좋죠?

Teacher's Tips

▶ "I know!"는 '난 알아요!'라는 뜻이 아닙니다. 회화에서 "I know!"는 상대방 말에 공감을 표현하고 싶을 때 씁니다. 예를 들어 누군가가 "She's so cute!"(쟤, 너무 예쁘지?)라고 말했을 때 "I know!"(내 말이!)라고 반응하는 식입니다.

▶ 회화에서는 주어를 종종 생략합니다. 예를 들어 "I didn't know you're coming." (같이 오시는 줄 몰랐어요.)이 아니라 "Didn't know you're coming."이라고 말해도 됩니다. 마찬가지로 "I can't believe this weather." 대신 "Can't believe this weather."이라는 표현을 써 봅시다.

- **How's it going?**
  안녕하세요?

- **Are you doing . . .?**
  … 하시나 봐요.

- **I love your jacket.**
  재킷 너무 예쁘네요.

- **Nice shoes!**
  신발 너무 예뻐요!

표현 요약

직접 편

응용 편

Teacher's Tips

▶ "Are you doing . . .?"이라는 표현을 쓸 때는 do 자리에 상황에 맞는 동사를 넣으면 됩니다. 예를 들어 남산 N서울타워 근처에서 만난 사람에게 "Are you going up the N Seoul Tower?"(N서울타워 올라가시나 봐요?)라고 말을 건네 보세요. 상대방이 아니라고 하면 "Oh, okay."(아, 그러시군요.)라고 하면 되고, 맞는다고 하면 "Have fun."(재미있는 시간 보내세요.)이라고 하면 됩니다. 이런 식으로 가벼운 대화를 계속 시도해 보세요.

004

See you!
(나중에 보자.) 하는 인사에 대답하기

- **Laters! / Alrighty! (=Alright.)**

  나중에 봐.

- **See you + 시간/날짜**
  (예: See you tomorrow. / See you at seven.)

  …에 뵐게요. (예: 내일 뵐게요. / 7시에 뵐게요.)

- **Have a good one.**

  좋은 하루 보내세요.

Teacher's Tips

▶ 어렸을 때 영어 교과서에서 "See you."라고 말하면 상대방의 말을 대신 끝내듯 "Later."라고 대답하면 된다고 배운 기억이 납니다. 이 표현도 맞습니다만 원어민은 "Laters."도 종종 씁니다. 일종의 슬랭ₛₗₐₙg인데 비슷한 맥락에서 'anyways'(어쨌든)도 알아 놓으면 좋아요. 'anyway'가 맞는 표현이지만 캐주얼하게 'anyways'도 많이 쓰니까요.

▶ 'alrighty'는 'alright' 끝에 -y를 붙인 형태인데 이렇게 끝에 -y를 붙이면 더욱 비격식체가 되고 익살스러운 느낌이 납니다.

▶ 교과서에서는 헤어질 때 하는 인사로 "Have a nice day."가 나와 있는데요. 실제 미국에서는 "Have a good one."이라는 표현을 엄청나게 많이 씁니다. 헤어질 때 쓰는 자연스러운 미국식 인사 표현이니 꼭 알아 두세요.

1 A: How are you? (어떻게 지내셨어요?)

B: _____

(그럭저럭 지냅니다.)

2 A: Nice weather, right? (날씨 참 좋죠?)

B: _____

(그러게요. 날씨가 어쩜 이렇게 좋죠?)

3 A: See you! (다음에 뵐게요!)

B: _____

(좋은 하루 보내세요.)

4 A: How are you? (안녕하세요?)

B: _____

(안녕하세요.)

5 A: How are you? (잘 지내셨어요?)

B: _____

(너무 잘 지내고 있습니다.)

(정답)

1. Nothing much. / Not much. 2. I know! Can't believe this weather! 3. Have a good one. 4. How are you? 5. Can't be better.

처음 만난 외국인과 대화할 때

"Um . . . I'm Taehoon Kim. I'm from Gangnam-gu, Seoul, South Korea. Um . . . Umm . . . I'm 35 years old, and I . . . I'm not married. Thank you."(음… 저는 김태훈이라고 합니다. 저는 대한민국 서울 강남구에 살고요. 음… 그리고… 저는 나이는 서른다섯 살이고… 음… 미혼입니다. 여기까지입니다.)

영어로 자기소개를 부탁하면 대부분의 한국 사람은 이런 식으로 자기소개를 합니다. 이 영어 문장 자체에는 전혀 문제가 없어요. 하지만 내용이 다소 어색하지 않나요? 오늘 처음 만난 사람에게 나이, 출신 지역, 결혼 여부 등을 두서없이 늘어놓는 게 말이에요. 잘못하면 '이 사람 갑자기 왜 이래?' 하는 불필요한 오해를 낳을 수도 있고요.

영어로 자기소개를 할 때는 불필요한 정보를 장황하게 늘어놓기보다는, 꼭 필요한 정보만 간결하게 말해 봅시다. 딱 세 가지만 기억하세요. ① 이름 ② 하는 일 ③ 상대가 기억할 만한 나의 특징 한 가지(필요할 경우)

이 정도 정보와 함께 자기소개를 할 때 유용한 영어 표현들도 함께 익혀 봅시다.

- **Nice to meet you.**
  반갑습니다.

- **It's very nice to meet you.**
  만나 뵙게 되어서 반갑습니다.

- **How are you doing?**
  안녕하세요? / 반갑습니다.

- **Finally!**
  드디어 뵙네요!

- **I'm so glad to meet you in person.**
  직접 뵙게 되어 정말 기쁩니다.

- **It's an honor (to meet you).**
  만나 뵙게 되어서 영광입니다.

- **I've heard so much about you.**
  얘기 정말 많이 들었어요.

Teacher's Tips

▶ 한국 사람들은 처음 만난 자리에서 흔히 "잘 부탁드립니다."라고 하는데, 이는 영어로 "Nice to meet you."에 해당합니다. 상대방에게 잘 부탁한다든지, 잘 봐 달라든지, 이런 말을 직역해서 영어로 하는 것은 영어권 사람들 정서에 맞지 않습니다.

▶ "How are you doing?"은 아는 사람에게 인사할 때 쓰는 말이라고 흔히 생각합니다. 하지만 편안한 자리에서 처음 만난 사람과 인사를 나눌 때도 이 표현을 많이 씁니다. 지인의 지인을 만났을 때, 그냥 "안녕하세요?"라고 인사하는 느낌이라고 생각하시면 됩니다.

서로 호칭 정하기

- **You can call me . . .**
  …라고 부르세요.

- **How should I address you?**
  호칭을 어떻게 하면 좋을까요?

- **Can I call you . . .?**
  …라고 불러도 될까요?

- **But I usually go by . . .**
  (예: My Korean name is Taehoon Kim, but I usually go by David.)
  보통 그냥 …라고 불러요. (예: 저의 한국 이름은 김태훈인데요, 보통 그냥 데이비드라고 불러요.)

Teacher's Tips

▶ 영어권에서는 편한 사이일 때 성 대신 이름을 부릅니다. 낯선 사람에게도 서로 벽을 허무는 차원에서 "Can I call you Taehoon?"이라고 물어볼 수 있어요. 상대방이 괜찮다고 하면 그때부턴 성 대신 이름을 불러도 좋습니다. 다만 이런 대화 없이 갑자기 이름을 부르면 매우 무례한 사람 취급을 받을 수 있으니 주의하세요.

007 연락할 수 있는 방법 물어보기

읽상 편

- **We should hang out sometime.**
  나중에 또 보면 좋겠네요.

- **Do you have any social media?**
  SNS 해요?

- **Do you have Facebook?**
- **Do you use Facebook?**
  페이스북 계정 있어요?

- **Can I get your Instagram?**
  인스타그램 계정 알 수 있어요?

- **Hey, I'd really like to stay in touch.**
  연락하고 지내요.

Teacher's Tips

▶ 요즘에는 관계를 이어 나가고 싶은 상대에게 연락처를 직접 물어보기보다는 즐겨 쓰는 SNS 계정을 물어보는 경우가 더 많습니다. 외국인과 SNS로 소통하며 자연스럽게 영어 실력도 기르고 친구도 만들 수 있으니, 인연이 생기면 꼭 시도해 보세요.

008 헤어지면서 인사하기

- **It was nice meeting you.**
  오늘 만나서 반가웠어요.

- **Have a great day.**
  좋은 하루 보내세요.

- **Have a good afternoon/evening/night.**
  다음에 만나요.

- **I enjoyed your company.**
  오늘 반가웠습니다.

Teacher's Tips

▶ company는 '회사'라는 뜻 말고도 '함께 있는 사람'이라는 뜻이 있어요. 어원을 살펴보면 이해하기 쉽습니다. com-은 '함께'라는 뜻이고 pan은 '빵'이라는 뜻입니다. 말 그대로 하면 '같이 빵을 뜯어 먹는 사이'라는 뜻인데, 한국어의 '식구'라는 단어와 어원이 유사하죠. company가 이런 뜻으로 쓰인 다른 예로는 "Keep me company."(같이 있자.) 또는 "You're in good company."(너만 그런 건 아니야.) 등이 있습니다. 이때 good은 '많은'이라는 뜻이에요.

연습문제

1 A: How are you doing? (반갑습니다.)

B: _____

(반가워요.)

2 A: I'll see you next time.

B: _____

(네, 오늘 만나서 반가웠습니다.)

3 A: _____

(호칭을 어떻게 하면 좋을까요?)

B: Please call me David. (데이비드라고 불러 주세요.)

4 A: Finally we meet! (드디어 뵙네요!)

B: _____

(얘기 정말 많이 들었어요.)

정답

1. Nice to meet you. / It's very nice to meet you. / How are you doing? 2. It was nice
meeting you. 3. How should I address you? 4. I've heard so much about you.

외국인 관광객에게
길 안내를 할 때

"Do you speak English?"(혹시 영어 할 줄 아세요?)

길거리에서 외국인이 이렇게 말을 걸어 오면 대부분은 방어적인 태도를 보입니다. 무슨 잘못이라도 한 것처럼 민망해하며 겨우겨우 대꾸하거나 "No, sorry."(아뇨, 미안합니다.) 하며 대충 둘러대고 황급히 자리를 피하기 일쑤입니다. 한국 사람들이 친절하다는 소문을 듣고 온 외국인들에게는 조금 머쓱할 수 있는 상황이죠.

요즘 관광객은 대부분 스마트폰을 갖고 있기 때문에 길거리에서 처음 보는 사람에게 길을 묻는 경우가 많진 않아요. 하지만 근처까지 다 왔는데 정확한 위치를 찾지 못해 길을 묻는 경우는 꽤 많은 편이죠. 이럴 때 쓸 수 있는 영어 표현을 알아봅시다.

Do you speak English?
(영어 할 줄 아세요?) 질문에 대답하기

- **A little bit.**

  아주 조금 할 줄 알아요.

- **A little bit. What's up?**

  조금 해요. 뭐 때문에 그러세요?

- **No, I don't. I'm sorry.**

  저 영어 못해요. 죄송해요.

- **My English is not good, but I can help you.**

  영어를 잘하지는 못하지만 도와드릴게요.

Teacher's Tips

▶ "What's up?"은 정말 다양한 상황에서 쓰이는 표현입니다. 경우에 따라 "안녕?"도 되고, 상대방을 걱정하며 묻는 "왜 그래?"가 되기도 하죠. 위에서처럼 "뭐 때문에 그러세요?"라는 말로 쓰기도 하고, 경우에 따라 격양된 상황에서 상대를 위협하며 "한판 붙어 볼래?" 하는 말로 쓰기도 하니 다양한 의미를 숙지해 두어야 합니다.

목적지까지 소요 시간 안내하기

- **It's a five-minute walk.**
  걸어서 5분 거리예요.

- **It's a five-minute walk from the subway station.**
  전철역에서 5분 거리예요.

- **You can walk there from here.**
  여기서 걸어갈 수 있는 거리예요.

- **It's not within walking distance.**
  걸어서 갈 거리는 아니에요.

- **It's a half-hour drive from here.**
  여기서 30분 정도 차로 가야 해요.

Teacher's Tips

▶ five-minute라는 형용사에는 왜 -s가 안 붙을까요? minute(분)가 다섯 개라서 복수니까 -s가 붙어야 하는 거 아닌가요? 이런 궁금증이 들었다면 첫 번째 문장을 다시 한번 읽어 보세요. 맞아요, five-minute는 명사가 아니라 형용사입니다. "It took me just five minutes."(5분밖에 안 걸렸어.)라고 할 때 five minutes의 minute는 명사라서 복수형이 됩니다. 하이픈(-)으로 five와 결합해 five-minute라는 형용사가 되면 복수형을 나타내는 -s를 붙이지 않아요. 형용사 happy의 복수 happys나 sad의 복수 sads가 없는 것과 마찬가지 원리라고 생각하면 됩니다.

011 목적지까지 교통수단 안내하기

- **You got to take the bus.**
  버스 타셔야 해요.

- **Take bus number 102 at the bus stop over there.**
  저쪽 버스 정류장에서 102번 버스 타시면 돼요.

- **Take bus number 102 across the street.**
  길 건너서 102번 버스 타세요.

- **You got to take the subway.**
  전철 타셔야 해요.

- **You'd better take the cab/taxi.**
  택시 타시는 게 나을 것 같아요.

일상 편

진행 편

여행 편

Teacher's Tips

▶ take the bus 대신 take a bus라고 해도 됩니다. 하지만 take a subway라는 표현
은 쓰지 않아요. subway는 전철 시스템을 말하는 거라서 반드시 take the subway
라고 해야 합니다. 아니면 take a subway train이라고 해도 됩니다.

▶ 택시는 a cab이라고 부르기도 합니다. cab은 cabriolet(카브리올레)를 줄인 말이
에요. 프랑스어에서 유래한 cabriolet은 과거 마차를 가리키는 말이었으나 오늘날
오픈카를 가리키는 용어로 쓰입니다. 단, cab은 오픈카 여부와는 무관하게 택시를
가리키는 말로 통용되며 택시 기사는 a cab driver/a cabdriver 또는 a cabbie/a
cabby라고 부르기도 합니다.

길 안내하기 (1)

- **Follow this road.**
  이 길 따라서 쭉 가세요.

- **Go straight along this road.**
  이 길 따라서 쭉 가세요.

- **Go straight ahead.**
  이대로 쭉 가시면 돼요.

- **Go straight this way.**
  이쪽 방향으로 쭉 가시면 돼요.

Teacher's Tips

▶ 그냥 "Go straight."라고만 하면 듣는 사람 입장에서 다소 헷갈릴 수 있습니다. straight는 말 그대로 직진하라는 뜻인데, 어느 방향으로 직진하라는 건지 말해 주지 않으면 헷갈릴 수 있죠. 이럴 때는 along this road(이 길을 따라) 같은 표현을 붙여 주면 좋아요.

길 안내하기 (2)

- **It's on your left/right.**
  왼쪽/오른쪽에 보일 거예요.

- **It's up ahead on the left/right.**
  쭉 가시면 왼쪽/오른쪽에 있어요.

- **Turn left/right at the next corner.**
  다음 모퉁이에서 왼쪽/오른쪽으로 꺾어 가시면 돼요.

- **Turn left/right at the next intersection.**
  다음 사거리에서 왼쪽/오른쪽으로 꺾어 가시면 돼요.

Teacher's Tips

▶ 방향을 이야기할 때는 주로 전치사 on을 씁니다. on the left/right(왼쪽/오른쪽에), on your left/right(왼쪽/오른쪽에), on your left-hand/right-hand side(왼쪽/오른쪽에) 등 자주 쓰는 표현을 묶어서 익혀 두면 유용하게 쓸 수 있습니다.

▶ 왼쪽 또는 오른쪽으로 꺾어서 가라는 말을 할 때에도 어디에서 꺾어야 하는지를 구체적으로 말해 주면 좋습니다. at the next intersection처럼 구체적인 위치 표현들도 함께 공부해 봅시다.

길을 잘 모르겠다고 대답하기

- **I'm a stranger here myself.**
  저도 이 동네를 잘 몰라요.

- **It's my first time visiting here, so . . .**
  여기가 처음이라서요.

- **I don't know this area well. I'm sorry.**
  이 동네를 잘 몰라요. 죄송합니다.

- **I'm unfamiliar with this area.**
  저도 이 근처는 잘 몰라요.

Teacher's Tips

▶ "It's my first time visiting here, so . . ." 뒤에는 아무 말도 하지 않아도 됩니다. 이 때 so는 접속사 '그래서'가 아닌 '…이거든'이라는 의미로 쓰였다고 이해하면 쉽습니다. 예를 들어 상대방에게 새우 요리를 권하며 "You want some?"(좀 먹을래요?) 라고 했을 때 "I'm allergic to shrimps, so . . ."라고 한다면 '저 새우 알레르기 있어요. 그래서….'라는 뜻이 아니라 '저 새우 알레르기 있거든요.'라고 말하며 거절하는 거예요. 따라서 이런 말을 들었다고 "So what?"(그래서 뭐?) 하는 식으로 몰아세우면 안 돼요.

연습문제

1 A: Excuse me. Do you speak English?
(죄송한데, 혹시 영어 할 줄 아세요?)

B: _____

(저 영어 못해요. 죄송해요.)

2 A: Is it within walking distance? (걸어갈 만한 거리인가요?)

B: _____

(네, 걸어서 5분이면 가요.)

3 A: Which way is Gyeongbokgung Palace?
(경복궁 가려면 어느 방향으로 가야 해요?)

B: _____

(이쪽으로 쭉 가시면 오른쪽에 보일 거예요.)

4 A: Should I take the bus? (버스를 타는 게 나을까요?)

B: _____

(택시 타는 편이 나을 것 같은데요.)

정답

1. No, I don't. I'm sorry. 2. Yeah, it's a five—minute walk. 3. Follow this road,/Go straight along this road,/Go straight ahead,/Go straight this way, and it's on your right. 4. You'd better take the cab/taxi.

관광 안내소를 알려 주고 싶을 때

목적지를 향해 바쁘게 가고 있는데 외국인이 길을 묻거나 도움을 청할 때 매번 친절을 베풀기란 쉽지 않죠. 그럴 때는 한국이 낯선 외국인 관광객을 위해 가까운 관광 안내소 위치를 알려 주거나 외국인을 대상으로 전문적인 안내를 제공하는 콜센터를 알려 주면 어떨까요? 외국인 관광객을 전담하는 직원들이 상시 대기하고 있는 관광 안내소 위치나 콜센터에 대해 알려 줄 때 필요한 영어 표현을 익혀 봅시다. (앞서 배운 '길 안내를 할 때' 쓰는 영어 표현을 복습 삼아 다시 살펴본 뒤 다음 표현들을 연습해 보면 더욱 유용하게 쓸 수 있을 거예요.)

015 관광 안내소 위치 알려 주기

- **Follow this road and you'll see a tourist information booth/center on your left/right.**
  이 길 따라서 쭉 가시면 관광 안내 부스/안내소가 왼쪽/오른쪽에 보일 거예요.

- **Go straight ahead for about 5 minutes and you'll find a tourist information booth/center on your left/right.**
  이 길 따라서 5분 정도 가시면 관광 안내 부스/안내소가 왼쪽/오른쪽에 보일 거예요.

- **There's an information booth for tourists. Turn left/right at the next corner, and it's on your left/right.**
  관광 안내 부스가 있어요. 다음 모퉁이에서 왼쪽/오른쪽으로 꺾으면 왼쪽/오른쪽에 보일 거예요.

- **The booth has a big letter i symbol that represents information.**
  인포메이션의 i를 딴 표시가 크게 있어요.

- **They have guidebooks available for each area.**
  관광 안내소에 가면 지역별 관광 가이드 책자가 비치되어 있어요.

Teacher's Tips

▶ a tourist information booth는 소규모 간이식 건물로 만든 관광 안내소를 가리킵니다. 반면 a tourist information center는 좀 더 큰 건물에 다양한 활동 체험장이 마련된 관광 안내소를 가리킵니다. 미묘한 차이이긴 하지만 구별해서 알아 두었다가 적절하게 활용해 보세요.

016 다산 콜센터에서 관광 안내를 받을 수 있다고 정보 제공하기

- **Call 120.**
- **You can dial 120.**
- **You can call the Dasan Seoul Call Center.**
  다산 콜센터(120번)에 전화해 보세요.

- **They provide general information on tourism in Seoul.**
  서울 관광에 대한 전반적인 정보를 제공해 줍니다.

- **They offer free interpretation services.**
  무료 통역 서비스를 제공해 줍니다.

- **You can learn about a lot of fun events going on in Seoul.**
  서울시에서 열리는 다양한 흥미로운 이벤트에 대해서 알아볼 수 있어요.

- **They provide information about events sponsored by the Seoul city government.**
  서울시가 후원하는 이벤트 정보를 확인할 수 있어요.

Teacher's Tips

▶ 전화번호를 읽을 때는 숫자를 하나하나 읽어 줍니다. 숫자 0은 zero라고 읽을 수도 있고 알파벳 O처럼 '오우'라고 읽을 수도 있어요. 전화번호에 같은 숫자가 연속해서 두 번 또는 세 번 들어가는 경우에는 double . . . 또는 triple . . . 이라고 읽으면 됩니다. 예를 들어 010-1777-2235는 "Zero one zero one triple seven double two three five"라고 읽으면 됩니다.

연습문제

1 A: Excuse me, is there an information center for tourists near here? (죄송한데요, 주변에 관광 안내소 있나요?)

B: _____
(이 길 따라서 쭉 가시면 관광 안내 부스/안내소가 왼쪽/오른쪽에 보일 거예요.)

2 A: What does the building look like? (건물 외관이 어떻게 생겼어요?)

B: _____
(인포메이션의 i를 딴 표시가 크게 있어요.)

3 A: Do you know where I can get information about transportation in Seoul? (서울 교통 관련 정보를 어디서 얻을 수 있을까요?)

B: _____
(120번으로 전화 걸어 보세요.)

4 A: What kind of information do they provide?
(전화하면 어떤 정보를 알려 주나요?)

B: _____
(서울 관광에 대한 전반적인 정보를 제공해 줘요.)

정답

1. Follow this road and you'll see a tourist information booth/center on your left/right.
2. The booth has a big letter i symbol that represents information. 3. Call 120. / You can dial 120. 4. They provide general information on tourism in Seoul.

외국인에게 지하철 이용법을
알려 주고 싶을 때

대도시에 사는 한국인은 지하철을 너무나도 당연하게 여기지만, 영어권 국가 사람들 중에 지하철 문화를 생경하게 여기는 경우가 의외로 많습니다. 지하철보다는 주로 자동차로 이동하기 때문이죠. 그러니 십수 개 노선이 서로 복잡하게 얽혀 있는 수도권 지하철 노선도를 보고 많은 외국인이 압도당하는 것은 어찌 보면 당연한 일입니다. 예능 프로그램 〈어서 와~ 한국은 처음이지?〉에 출연한 외국인들이 지하철에서 쩔쩔매는 모습이 자주 나오는 것도 그 때문이겠죠. 낯설고 복잡한 지하철 시스템 때문에 어쩔 줄 몰라 하는 외국인에게 도움의 손길을 뻗을 수 있도록 다음 표현들을 익혀 봅시다.

017 기본적인 지하철 이용법 설명하기

- **You can buy your ticket from the machine over there.**
  저쪽에 있는 기계에서 교통카드 사시면 돼요.

- **You can save money if you get a transportation card.**
  교통카드를 쓰면 돈을 아낄 수 있어요.

- **Take line number 1.**
  지하철 1호선 타세요.

- **Take the green line.**
  녹색 선 지하철 타시면 됩니다.

Teacher's Tips

▶ 세계 각 지역의 전철 시스템은 서로 조금씩 다릅니다. 일례로 한국 수도권 지하철은 모든 노선을 글자나 숫자 외에 색깔로도 구분하지만 뉴욕 지하철은 글자나 숫자 등으로만 구분하고 한 가지 색으로 표현합니다. 이런 점을 고려하면 미국인에게는 색깔보다는 "Take line number 1."처럼 숫자로 노선을 설명해 주는 편이 더 알아듣기 쉬울 수 있으니 참고하세요.

지하철에서
언제 내려야 하는지 알려 주기

- **It's . . . stops away.**
  여기에서 … 정거장 더 가시면 됩니다.

- **It's . . . stops from here.**
  여기에서 … 정거장 더 가시면 됩니다.

- **It's . . . stops from A.**
  A에서 … 정거장 가시면 됩니다.

- **You got to get off at . . .**
  … 역에서 내리면 됩니다.

Teacher's Tips

▶ "It's . . . stops away."와 "It's . . . stops from here."은 대화 중인 외국인과 같은 전
철역에 있거나 그 전철역 근처에 있을 때 쓸 수 있는 말입니다. 반면 "It's . . . stops
from A."는 내가 A라는 역 또는 그 근처에 없을 때 쓸 수 있는 말이에요. 식사 자리
에서 먼저 일어나려고 하는 외국인 친구에게 가는 길을 알려 주는 상황 등에서 활용
할 수 있겠습니다.

지하철 환승하는 법 설명하기

- **Transfer to line number 1 at Shindorim Station.**
- **You can transfer to line number 1 at Shindorim Station.**

  신도림역에서 1호선으로 갈아타세요.

- **You should use this exit when you're trying to connect to your next train.**

  환승하려면 이 문으로 나가시는 게 좋아요.

- **You should exit through this door as it is closest to where you need to go.**

  이 문으로 내리셔야 가시는 곳에 제일 가까워요.

- **You're going to want to stand in this line marked 1-1 because it is closest to your connection point/connecting train.**

  1-1이라고 표시된 곳에 줄을 서셔야 환승할 때 제일 가까워요.

Teacher's Tips

▶ 1-1는 one dash one이라고 읽습니다. 일반적으로 영어에서 숫자나 알파벳과 함께 쓰인 문장 부호는 읽지 않습니다. 예를 들어 하루 24시간, 일주일 7일을 뜻하는 24/7은 중간에 문장 부호가 들어가 있지만 twenty-four slash seven이 아니라 twenty-four seven이라고 읽어요. 주차장 기둥에 쓰여 있는 C-3 같은 표현도 C dash three가 아니라 C three라고 읽습니다. 하지만 숫자를 붙여서 나열하는 1-1, 1-2 같은 경우에는 예외적으로 one dash one, one dash two처럼 문장 부호까지 소리 내어 읽어 주니 주의하세요.

지하철 앱 이용하는 법 가르쳐 주기

- **You can download this app to find out more information.**

  이 앱을 다운로드하면 더 많은 정보를 확인할 수 있어요.

- **You can download this app. That will show you how to do everything.**

  이 앱을 다운로드하면 여기에 다 설명이 되어 있습니다.

- **You can download this app. That will show you how to use the train system.**

  이 앱을 다운로드하면 전철 사용법을 알 수 있어요.

- **It's very easy to use.**

  사용법이 엄청 간단해요.

- **It gives information in English.**

  영어로 되어 있어요.

Teacher's Tips

▶ 영어 지원이 되지 않는 지하철 노선도 앱이 일부 있습니다. 시간이 허락한다면 조금만 더 친절을 베풀어서 영어를 지원하는 지하철 노선도 앱 이름을 알려 주면 좋겠죠. 구글 플레이 스토어나 애플 앱 스토어에 들어가서 영어로 Seoul Metro를 검색하면 관련 앱 목록이 나옵니다. 이 말을 영어로도 알아 두면 좋겠죠? "Please search Seoul Metro on the App Store or the Google Play Store."라고 말해 보세요.

021

열차를 잘못 탔다고 일러 주기

- **Oh! You're on the wrong train.**
  전철 잘못 타셨어요.

- **This is the express train.**
- **You're on the express train.**
  급행열차를 (잘못) 타셨어요.

- **It has limited stops.**
  서는 역이 정해져 있어요.

- **This is the express train. It doesn't stop at your stop.**
  이거 급행열차라서 가시는 역에 안 서요.

- **It doesn't stop at the station you want to get off at.**
  이거 가려고 하시는 역에 안 서요.

- **I'm afraid you're going the wrong way.**
- **Oh, dear! You're going the wrong way.**
  전철 반대로 타셨어요.

Teacher's Tips

▶ "I'm afraid . . ."로 문장을 시작하면 격식이 느껴지는 말투가 됩니다. 정말 급한 상황이라면 이렇게 격식을 차리며 말하지 않겠죠? 다급한 심정을 담아 좀 더 가볍게 말하고 싶다면 "Oh, dear!"로 시작하는 문장을 활용해 보세요.

022 노약자석이나 임산부석 알려 주기

- **Excuse me. That seat is reserved for the elderly.**
  죄송한데요, 여기는 노약자석이에요.

- **Do you see the sign over there?**
  저기 표시 보이시죠?

- **It's part of our culture.**
  한국에서는 (보통) 이렇게 해요.

- **They are reserved for elderly, pregnant women, and handicapped people.**
  이 좌석은 노인, 임산부, 장애인 전용 좌석입니다.

- **Those pink seats are reserved for pregnant women.**
  그 핑크 좌석은 임산부 전용이에요.

- **Those seats are for disabled or elderly people.**
  그 좌석은 장애인과 노인을 위한 자리예요.

Teacher's Tips

▶ 이 표현들은 상황과 상대를 잘 가려 가며 씁시다. 불의를 보면 못 참는 성격이라도, 언어의 장벽 때문에 서로 오해가 생길 수 있으니까요.

연습문제

1　A: Excuse me. Where can I buy a ticket?
　　　(죄송한데, 교통카드 어디서 살 수 있어요?)

　　B: _____
　　　(저쪽에 있는 기계에서 사시면 돼요.)

2　A: Which line goes to Seolleung Station?
　　　(선릉역 가려면 몇 호선 타야 하나요?)

　　B: _____
　　　(2호선 타시면 돼요.)

3　A: How many more stops are there to Gangnam Station?
　　　(강남역 몇 정거장 더 가야 돼요?)

　　B: _____
　　　(두 정거장 더 가시면 돼요.)

4　A: I'm trying to go to Itaewon. Am I on the right train?
　　　(저 이태원 가려고 하는데요. 저 전철 제대로 탄 것 맞나요?)

　　B: Oh! _____
　　　(아이고, 전철 잘못 타셨어요.)

공공장소에서 외국인에게 자리 있는지 물어보고 싶을 때

식당이나 카페에서 외국인 옆자리가 비어서 앉아도 되는지 물어보고 싶은데 영어 실력이 부족해서 소심해지는 스스로의 모습을 발견할 때가 있습니다. 그럴 때 보통 영어로 말 한마디 붙이는 게 영 부담스러워서 다른 자리를 찾아 나서곤 합니다. 대중교통을 이용할 때, 식당이나 카페, 도서관이나 공연장 등 공공장소를 방문했을 때, 외국인을 마주치는 경우가 요즘 부쩍 많아졌습니다. 이런 상황에서 자신 있게 자리 있는지 물어볼 수 있는 간단한 영어 표현을 공부해 봅시다.

023

자리에 앉아도 되는지 물어보기

- **Could I sit here?**
- **Can I have this seat?**
  여기 앉아도 될까요?

- **Anyone sitting here?**
- **Is anyone sitting here?**
- **Is this seat taken?**
- **Is this seat occupied?**
  여기 자리 있나요?

Teacher's Tips

▶ 요청을 할 때는 can보다 could를 쓰는 편이 좀 더 공손하게 느껴집니다. 낯선 사람과 대화를 나누는 상황이라면 can 대신 could를 쓰도록 연습해 봅시다.

024

자리와 관련해서
구체적으로 요청하기

- ## Are you saving the chair for someone?
  혹시 자리 맡아 놓으신 건가요?

- ## Would you mind if I take this chair?
  이 의자 좀 가져가도 될까요?

- ## Would you mind moving your stuff?
  짐 좀 옮겨 주시겠어요?

Teacher's Tips

▶ stuff를 stuffs처럼 잘못 쓰는 경우를 많이 봅니다. stuff는 불가산 명사예요. 따라서 항상 stuff로 써야 합니다. 여러 가지 물건을 가리키는 상황일 때도 마찬가지예요. 예를 들어 "What's all this stuff on my desk?"(내 책상에 뭘 이렇게 올려놓은 거예요?)라고 이야기할 때 책상 위에 여러 가지 물건이 난잡하게 올려져 있는 상황이겠지만 stuff라고 하는 게 맞습니다.

▶ mind는 '…하기를 꺼리다'라는 뜻이므로 "Do you mind . . .? / Would you mind . . .?"로 물었을 때 '괜찮다.'라는 의미로 대답하려면 반드시 "No. / Not at all." 같은 부정의 대답을 해야 합니다. 긍정의 대답을 하면 그 요청을 꺼린다는 뜻이 되기 때문에 상황에 따라 상대방이 매우 불쾌해할 수 있으니 반드시 주의하세요.

연습문제

1 A: _____
(여기 앉아도 될까요?)

B: Sure. Go ahead. (네, 그럼요. 앉으세요.)

2 A: _____
(여기 자리 있나요? / 혹시 자리 맡아 놓으신 건가요?)

B: No, you can take it. (아뇨, 앉으셔도 돼요.)

3 A: _____
(이 의자 좀 가져가도 될까요?)

B: Not at all. Please go ahead. (그럼요. 그러세요.)

4 A: _____
(짐 좀 옮겨 주시겠어요?)

B: Oh, I'm sorry. (아, 죄송해요.)

정답

1. Could I sit here? / Can I have this seat? 2. Anyone sitting here? / Is anyone sitting here? / Is this seat taken? / Is this seat occupied? / Are you saving the chair for someone? 3. Would you mind if I take this chair? 4. Would you mind moving your stuff?

주인 있는 자리라고
말하고 싶을 때

자리를 맡아 놨는데 동행인이 잠시 자리를 비운 사이 외국인
이 와서 그 자리에 앉으려고 한다면 꽤 당황스러울 거예요. 그
리고 아예 각자의 자리가 배정되어 있는 상황인데도 내 자리
에 다른 사람이 앉아 있어서 당황하는 경우도 있죠. 영화관이
나 공연장에서 혹은 비행기 안에서 누군가가 실수로 내 자리
에 앉아 있는 경우, 한 번쯤 겪어 보셨을 텐데요. 이럴 때 영어
가 서툴면 어떻게 말해야 할지 몰라 급한 마음에 아무 단어나
뱉었다가 서로 얼굴을 붉히게 되기도 합니다. 이런 다소 난감
한 상황에서 써먹을 수 있는 영어 표현을 알아봅시다.

잠시 맡아 놓은 자리에 외국인이 와서 앉으려 할 때 대답하기

▪ **Sorry, but this seat/spot is already taken.**
죄송한데 여기 앉으실 분 있어요.

▪ **I'm sorry, but my friend is sitting here.**
죄송한데 제 친구 자리예요.

▪ **I'm sorry, but I was saving this seat/chair for my friend.**

▪ **I'm sorry. Actually, I need to save this seat for my buddy.**
죄송한데, 제 친구 자리 맡아 놓은 거예요.

Teacher's Tips

▶ 공공장소에서 지인의 자리를 대신 맡아 주는 것은 동서양을 막론하고 많이들 하는 행동이에요. 하지만 도가 지나치면 '어글리 코리안'(남에 대한 배려 없이 무례하게 구는 일부 한국인을 가리키는 말)으로 보일 수 있죠. 미리 맡아 놓은 자리를 지키는 것도 중요하지만 다른 사람에 대한 배려 또한 중요하다는 점, 잊지 맙시다!

예매한 자리에 외국인이
앉아 있을 때 항의하기

- **Would you please check your ticket?**
- **Would you please double-check your ticket?**
  티켓 한번 확인해 주시겠어요?

- **I think you may have the wrong seat.**
  자리 잘못 앉으신 것 같은데요.

- **I'm afraid you're sitting in my seat.**
- **I'm sorry, but I think that's my seat.**
  죄송한데, 여기 제 자리 같은데요.

- **Would you please move to your correct seat?**
  그쪽 자리로 옮겨 주시겠어요?

- **Are you sure this is your seat?**
  여기가 그쪽 자리 맞나요?

Teacher's Tips

▶ 여기 나오는 표현들은 자칫 잘못하면 무례하게 들릴 수 있습니다. 특히 "You're sitting in my seat."라고 말할 때 my를 강하게 발음하면 "지금 내 자리에서 뭐 하세요?" 하는 굉장히 거만한 느낌이에요. "That's my seat."도 달랑 이 문장만 말하면 "당신 내 자리에 왜 앉아 있어?"처럼 들릴 수 있죠. 이럴 때에는 "Would/Could you . . .?" 또는 "I think . . ."를 활용하거나 please를 문장 끝에 붙여서 최대한 부드럽고 조심스럽게 말하면 좋아요.

▶ "Are you sure this is your seat?"라는 표현을 쓸 때는 특히 주의해 주세요. 듣기에 많이 불쾌한 말투입니다. 내 자리에 앉아 있는 사람에게 부드럽게 항의를 했는데도 자기 자리로 돌아가지 않고 버틴다면 이 말을 해 볼 수 있습니다.

1 A: Could I sit here? (여기 앉아도 될까요?)

B: _____

(죄송한데 제 친구 자리라서요.)

2 A: Can I have this seat? (여기 앉아도 될까요?)

B: _____

(죄송한데 제가 친구 자리를 맡아 놓았어요.)

3 A: _____

(죄송한데 여기 제 자리 같은데요.)

B: Oh, really? I'm so sorry. (그래요? 아이고, 죄송합니다.)

4 A: _____

(여기 그쪽 자리 맞아요?)

B: Yes. Do you want to see my ticket? (맞아요. 티켓 보여 드릴까요?)

응용편

직장편

여행편

정답

1. I'm sorry, but my friend is sitting here. 2. I'm sorry, but I was saving this seat/chair for my buddy. 3. I'm afraid you're sitting in my seat. / I'm sorry, but I think that's my seat. 4. Are you sure this is your seat?

상대의 옷이나 헤어스타일에 관심을 표하고 싶을 때

보통 영어권 국가에서는 정말 가까운 사이가 아니면 서로의 외모에 대해 거의 언급하지 않습니다. 성희롱의 소지가 있거나 기타 어떤 이유로든 상대방에게 불쾌감을 불러일으킬 수 있는 외모 관련 발언은 절대 해선 안 되고, 외모에 대한 부정적인 평가도 노골적으로 드러내지 않는 게 상식입니다. 국내에서도 타인의 외모를 평가하는 발언에 대한 문제의식이 높아지고 있죠.

그렇다고 지인이 새로 산 옷을 입고 왔다거나 머리 모양을 새로 바꾸고 왔는데도 모르는 척 지나가라는 의미는 아닐 겁니다. 외모에 대한 쓸데없는 이야기는 피하는 편이 좋지만, 상대방에 대한 관심을 나타내는 센스 있는 칭찬은 사회생활에서 꼭 필요합니다. 지금부터 이와 관련된 영어 표현을 알아봅시다.

옷이 멋지다고 칭찬하기 (1)

- **Nice jacket.**
  재킷 너무 예쁘네요.

- **You look amazing.**
  오늘 너무 멋있네요.

- **I love your outfit!**
  옷 정말 잘 어울려요.

- **I love your sense of style.**
  어쩜 스타일이 이렇게 좋아요?

- **I love what you're wearing.**
  옷 너무 예뻐요.

- **Whoa, your outfit is so amazing!**
  와, 옷 진짜 예쁜데요?

Teacher's Tips

▶ "Nice jacket."이라고 말할 때 jacket 대신 칭찬하고 싶은 대상을 넣어서 자유롭게
활용해 보세요. 참고로 한국인이 흔히 패딩이라고 부르는 옷도 영어로는 jacket이
라고 표현하면 됩니다. 굳이 구분하고 싶다면 a winter jacket 정도로 쓸 수 있습
니다.

옷이 멋지다고 칭찬하기 (2)

- **Wow, your dress is really flattering!**
- **They're really flattering on you.**

  와, 그 옷 입으니까 너무 멋져요.

- **That suit is flattering on you.**

  그 정장 입으니까 참 예쁘네요.

- **You look so cool/cute in . . .**
  (예: You look so cool in those jeans!)

  … 너무 잘 어울리네요. (예: 그 청바지 너무 잘 어울리네요.)

Teacher's Tips

▶ flattering은 옷 자체가 예쁘다는 뜻도 되지만 본래 그 옷 덕분에 그걸 입은 사람이 돋보인다는 뜻입니다. '예쁘게 잘 어울리는' 정도의 뜻이라고 보면 돼요. 의상 관련 칭찬을 할 때 많이 쓰는 표현이니 꼭 활용해 보세요.

▶ cool은 성별이나 나이와 관계없이 폭넓게 쓸 수 있는 표현입니다. cute는 성별을 막론하고 어린 사람, 젊은 사람에게 쓰는 경우가 상대적으로 많으니 참고하세요.

▶ 의상 아이템을 이야기할 때 jeans나 pants처럼 그 자체로 복수형인 단어 앞에는 those를 붙입니다. 단수 명사 앞에는 that을 붙이세요.(예: You look so cool/cute in that shirt.)

헤어스타일 칭찬하기

- **I like your new haircut.**
- **Your new haircut looks great!**
  새로 한 머리, 너무 예쁘네요.

- **Your hair looks amazing!**
- **Oh, wow! I really like your hair!**
  머리 너무 예뻐요.

Teacher's Tips

▶ 뭔가 달라 보이는데 머리를 새로 했는지 아닌지 헷갈릴 때, 한국 사람들도 "혹시 머리 자른 거예요?"라고 물어보죠. 이런 경우에 영어로도 똑같이 "Did you get a haircut?"이라고 합니다. 이 문장에서 알 수 있듯이 haircut은 가산 명사라서 소유격(my, your, his, her, their)과 함께 쓰인 경우를 제외하고는 앞에 부정관사 a를 붙여 줘야 한다는 점을 주의하세요.

030 패션 감각을 칭찬하기

- **You look dope.**
  (비격식) 진짜 멋있는데요?

- **You are really stylish.**
  진짜 스타일 좋은 것 같아요.

- **You look very stylish.**
  스타일 너무 좋아 보여요.

- **You have a good fashion sense.**
- **You have a good sense of fashion.**
- **You have a good sense of style.**
  진짜 패션 센스가 좋네요.

Teacher's Tips

▶ 가까운 사이나 동성 간에는 좀 더 편하게 칭찬을 해도 좋지만 아주 친하지 않은 이성에게 칭찬을 할 때에는 각별히 주의하는 편이 좋겠죠. 상대방의 기분을 좋게 만들어 주고 싶다면 그 사람의 패션이나 입고 있는 옷, 헤어스타일 등에 주목하여 칭찬해 보세요.

연습문제

1 A: _____

(옷 너무 예쁘네요.)

B: Oh, thanks. (아, 고마워요.)

2 A: _____

(와, 그 옷 입으니까 정말 예뻐요.)

B: Thank you. (고맙습니다.)

3 A: _____

(새로 한 머리, 너무 예뻐요.)

B: Thanks. You look great too. (고마워요. 당신도 오늘 너무 멋지네요.)

4 A: How do I look? (나 어때?)

B: _____

(너 스타일 너무 좋아 보인다.)

(정답)

1. I love your outfit! / I love what you're wearing. / Your outfit is so amazing! 2. Wow, your dress is really flattering! / They're really flattering on you. / That suit is flattering on you. 3. I like your new haircut. / Your new haircut looks great! 4. You look very stylish.

상대방 기분에
공감을 표하고 싶을 때

살면서 우리가 가까이해야 할 사람들은 어떤 사람들일까요? 나에게 물질적인 도움을 줄 수 있는 사람들이 아니라, 내게 좋은 일이 생겼을 때 진심으로 함께 기뻐해 주는 사람들, 슬픈 일이 생겼을 때 조심스럽지만 진정성 있는 위로의 말을 전하는 사람들이 아닐까요? 기쁜 일이 있을 때 축하받고 싶고 슬픈 일이 있을 때 위로받고 싶은 건 국적이나 문화권, 언어권을 초월해 인간의 기본적인 욕구일 거예요. 축하하는 말이나 위로하는 말을 전하고 싶은데 그 상대가 외국인이어서 주저했다면 다음에 나오는 표현을 활용해 봅시다.

좋은 일이 생긴 사람을 축하해 주기

- **Congratulations!**
  축하해요!

- **I'm so happy for you.**
  정말 잘됐네요.

- **I'm proud of you.**
  당신이 너무 자랑스러워요.

- **I'm so happy to hear that you got your promotion!**
  승진 정말 축하해요!

Teacher's Tips

▶ congratulation은 '축하'라는 추상 명사입니다. '축하해!'라고 말하려면 -s를 붙여서 "Congratulations!"라고 해야 합니다. 참고로 congratulate라는 동사는 'congratulate+사람+on+축하하는 이유'의 형태로 사용해야 합니다. "I want to congratulate your promotion." 같은 문장은 congratulate의 목적어 자리에 '사람'이 아닌 '축하하는 이유'를 쓴 잘못된 문장입니다.

▶ "I'm proud of you."는 주로 아랫사람에게 쓰는 말입니다. 부하 직원, 동생, 자식, 제자 같은 관계일 때 주로 사용하는 말이니, 상황에 맞게 써 봅시다.

032 안 좋은 일이 생긴 사람을 위로해 주기

- **Cheer up!**
  기운 내요!

- **It will work out.**
- **It's going to be alright.**
  다 괜찮아질 거예요.

- **Don't let it get you down.**
  너무 풀 죽지 마세요.

- **Things will get better.**
  좋아지겠죠.

Teacher's Tips

▶ "Cheer up!"은 기죽어 있는 사람에게 별것 아니니 털고 일어나라고 할 때 쓰는 말입니다. 상喪을 당했다든지 회복하기 힘든 재정적 손실을 입었다든지 하는 심각한 상황에서는 쓰면 안 되는 표현이니 주의합시다.

연습문제

1 A: I'm getting married. (나 결혼해.)

B: Oh my god! _____

(어머! 너무 잘됐다.)

2 A: I'm pregnant. (저 임신했어요.)

B: Really? _____

(정말? 축하해요!)

3 A: She turned me down. (야, 나 고백했다가 차였어.)

B: _____

(기운 내!)

4 A: It was a complete disaster. (완전 망쳤어.)

B: _____

(너무 기죽지 마.)

5 A: I don't know what to do now. (이제 뭘 어떻게 해야 할지 모르겠어.)

B: _____

(다 괜찮아질 거야.)

정답

1. I'm so happy for you. 2. Congratulations! 3. Cheer up! 4. Don't let it get you down. 5. It will work out. / It's going to be alright.

무례한 외국인을
만났을 때

세상 어디를 가든 몰지각하고 무례한 사람은 있기 마련입니다. 이런 사람을 마주쳤을 때에는 괜한 감정 소모, 시간 낭비를 하지 말고 무시하는 게 상책이죠. 말을 섞어 봐야 일만 커지고 나만 손해일 때가 더 많으니까요. 하지만 영어를 몰라서 누군가가 나에게 무례한 말을 했다는 사실조차 눈치채지 못한다면 좀 서글프지 않을까요? 그리고 정도가 지나치다면 따끔하게 한마디 해 주는 편이 나을 때도 있고요. 이런 상황에서 활용할 수 있는 영어 표현을 익혀 봅시다.

033 새치기하는 사람에게 일침을 가하기

- **Unbelievable.**

  매너 쓰레기네.

- **Excuse me, I was here first.**

  죄송한데, 제가 먼저 왔는데요?

- **Excuse me. There is a line here.**

  저기요, 여기 줄 서셔야 해요.

- **You're pushing in.**

  새치기하시면 어떻게 해요.

- **The back of the line is that way.**

  저 뒤로 가서 줄 서세요.

- **Can't you see people are waiting in line?**

  사람들 줄 서 있는 거 안 보여요?

- **Excuse me, this is a line. Can you please go to the back?**

  죄송한데, 여기 다들 줄 서 있거든요? 뒤로 가 주실래요?

Teacher's Tips

▶ "Unbelievable."은 매우 공격적인 뉘앙스의 표현이니, 조심해서 사용해 주세요. 상대방이 이 말을 듣고 시비를 걸 수도 있습니다.

▶ push in 대신에 cut in line이라는 숙어를 활용해도 똑같은 의미입니다.

034 너무 가까이 다가오는 사람에게 뒤로 가 달라고 부탁하기

- **Can you step back?**
  조금만 뒤로 가 주실래요?

- **Do you mind stepping away a little bit?**
  조금만 뒤로 가 주시면 안 돼요?

- **Hey, can you not stand so close to me, please?**
  저기요, 조금만 뒤로 가시죠?

- **That's kind of annoying, could you please step back a little bit?**
  저기요, 좀 부담돼서 그런데 조금만 뒤로 가 주실래요?

Teacher's Tips

▶ 한국인과 달리 외국인은 타인이 자신의 개인 공간personal space을 침범할 경우 불편해하는 편입니다. 친한 사이이거나 그 밖에 특수한 상황을 제외하고는 타인으로부터 성인 팔 길이 정도의 거리를 유지하기를 추천합니다. 대화하다가 상대방이 뒷걸음질을 친다든지 내 앞에 서 있던 사람이 불쾌한 표정으로 나를 돌아본다든지 하면 그 사람의 개인 공간을 침범했다는 신호일 수 있으니 주의합시다.

▶ "Hey, can you not stand so close to me, please?", "That's kind of annoying, could you please step back a little bit?" 같은 표현은 공격적인 뉘앙스가 강하니 꼭 필요할 때만 씁시다.

식사 예절을 지키지 않는 사람에게 불쾌감 표현하기

- **Can you be a bit quieter, please?**
- **Could you please eat a bit quieter?**
- **Could you please try and eat a bit quieter?**

조금만 조용히 드시면 안 돼요?

- **Can you turn the volume down?**

좀 조용히 좀 해 주실래요?

- **Could you please stop slurping (your coffee)?**

(커피) 쪽쪽 빨아 마시는 행동 좀 그만하면 안 돼요?

- **Could you please stop snapping your gum?**

껌 찍찍 씹는 행동 좀 그만하면 안 돼요?

- **Could you please close your mouth when eating?**

입을 다문 채로 식사하면 안 돼요?

- **It's really getting on my nerves.**

엄청 거슬리네요.

- **Listen, I'm getting annoyed, man.**

저기요, 되게 거슬린다고요.

Teacher's Tips

▶ "Can you turn the volume down?"이라는 표현은 음향 기기의 볼륨을 낮춰 달라는 상황이 아니라, 단순히 조용히 해 달라고 부탁하는 상황에서도 항상 쓸 수 있습니다. 활용도가 높은 문장이니 꼭 익혀 두었다가 실생활에서 활용해 보세요.

공연장이나 영화관에서 무례하게
행동하는 사람에게 항의하기

- **Shhh!**
  쉿!

- **Hush!**
  조용!

- **Could you speak more softly, please?**
  조금만 작게 이야기해 주실래요?

- **Excuse me, could you please try not to kick my seat?**
  저기요, 의자 좀 발로 그만 차면 안 돼요?

Teacher's Tips

▶ "Shhh!"는 집게 손가락을 입술 앞에 두고 내는 소리로, 한국어의 '쉿!'과 비슷한 느낌입니다.

▶ "Hush!"는 강한 명령조의 표현으로 다소 공격적으로 들릴 수 있으니 주의해서 씁시다.

비행기에서 의자를 너무 뒤로 젖혀 앉은 앞자리 사람에게 항의하기

- **Excuse me, could you pull up your seat a little bit?**
- **Excuse me, would you be able to pull up your seat a little bit?**
- **Excuse me, do you mind pulling up your seat a little bit?**

  죄송한데요. 의자 앞으로 조금만 당겨 주실래요?

- **Excuse me, do you mind leaving me a little more space?**

  죄송한데요. 여기 뒤가 좀 많이 좁거든요?

- **I'm sorry. Do you have to recline back so far?**

  저기요. 의자를 이렇게 뒤로 확 젖히시면 어떻게 해요?

Teacher's Tips

▶ "I'm sorry. Do you have to recline back so far?"라는 표현은 공격적으로 들릴 수 있으므로 꼭 필요한 상황에서만 씁시다.

038 공공장소에서 음악을 너무 크게 듣는 사람에게 항의하기

- **Could you please turn it down a little bit?**
- **Could you please turn the volume down a little bit?**
  볼륨 좀 줄여 주실 수 있어요?

- **Excuse me. Everybody can hear your music.**
  저기요. 지금 사람들한테 음악 다 들려요.

- **Can you please stop what you're doing?**
  음악 좀 그만 크게 들으시면 안 돼요?

- **Excuse me. This is a public place, and not everyone wants to listen to your music.**
  저기요. 여기 공공장소잖아요. 지금 사람들한테 음악 다 들리거든요?

Teacher's Tips

▶ "Could you please turn it down a little bit?", "Could you please turn the volume down a little bit?"은 충분히 공손한 뉘앙스의 표현입니다. 음악 감상을 방해해서 미안하다는 듯 얼굴에 미소를 약간 띤 채 말해 보세요.

▶ "Excuse me. Everybody can hear your music."은 말하는 방식에 따라 공격적으로 들릴 수도 있고 그렇지 않을 수도 있습니다. 큰 소리로 말하면 여러 사람 앞에서 상대방에게 창피를 주는 행동이 될 수 있고 공격적으로 들릴 수도 있어요. 작은 목소리로 몰래 눈치 주듯이 말해 보세요.

▶ "Can you please stop what you're doing?", "Excuse me. This is a public place, and not everyone wants to listen to your music."은 어떻게 말해도 공격적으로 들리는 표현이니 주의해서 씁시다.

길에서 몸을 부딪혔는데
그냥 가 버리는 사람에게 항의하기

- **Excuse me!**
  조심 좀 해요!

- **Hey, watch it!**
  앞 좀 잘 보고 다녀요!

- **What's your problem?**
  사과할 줄 모르세요?

- **That was rude.**
  왜 이렇게 매너가 없어요?

- **Watch where you're going!**
- **Why don't you watch where you're going?**
  앞 좀 잘 보고 다니세요!

- **Aren't you going to apologize? You just bumped into my husband/wife/boyfriend/girlfriend.**
  사과 안 하세요? 지금 제 남편/아내/남자 친구/여자 친구 치고 가셨잖아요.

Teacher's Tips

▶ 화가 나서 "Excuse me!"라고 할 때는 –cu– 부분을 아주 세게 발음합니다. 이때는 한국어 키읔처럼 발음하지 않고 쌍기역처럼 /꾸/라고 발음합니다.

인종 차별하는 사람에게 대응하기

- **You're racist.**
  당신은 인종 차별주의자예요.

- **How ignorant!**
  몰상식하긴!

- **You're being racist.**
  이건 인종 차별이에요.

- **What did you just say?**
  지금 뭐라고 했어요?

- **What did you just call me?**
  저에게 지금 뭐라고 했어요?

- **It's + 현재 연도! (예: It's 2020!)**
  지금 시대가 어느 땐데! (예: 지금 2020년이에요!)

Teacher's Tips

▶ 영어권 국가에서는 한국보다 인종 차별 문제에 더 민감하므로 "You're being racist!"라는 말을 하면 주변 사람들의 동정이나 도움을 받을 수도 있습니다. 그러나 안타깝게도 인종 차별주의자들 가운데 말이 통하는 사람은 보기 드뭅니다. 열을 내며 한참을 싸워도 내 기분만 상할 뿐 상황이 나아지지 않는 경우가 대부분이에요. 인종 차별주의자가 나에게 직접적인 피해(예를 들어 식당이나 시설 출입을 거부당한 경우)를 입히는 경우가 아니라면 피하는 게 상책일 때가 많습니다.

041

동양인에 대한 인종 차별 표현 (1)

일상 편
직장 편
여행 편

- **banana**
  겉은 노랗고 속은 희다는 뜻으로 아시아인 외모를 하고 있지만 백인처럼 행동하는 사람을 폄하하는 표현

- **yellow**
  동양인의 피부색을 가리키는 말

- **gook**
  필리핀인, 베트남인, 한국인을 비하하는 표현

- **chink / chinky / ching chong**
  중국인을 비하하는 표현

- **gink**
  gook과 chink의 합성어

- **jap / chap / nip**
  일본인을 비하하는 표현

Teacher's Tips

▶ banana는 인종 차별 표현이지만 복수형인 bananas는 전혀 다른 의미입니다. bananas는 본래 crazy(미친)라는 뜻으로 쓰는데, crazy는 cool(멋진)이라는 의미로도 사용됩니다. 이는 bananas도 마찬가지예요. "That's bananas!"라고 하면 "야, 대박이다!" 정도의 칭찬이니 참고하세요.

동양인에 대한 인종 차별 표현 (2)

- **slant / slant eye**
  동양인의 눈이 작고 옆으로 찢어졌다는 것을 조롱하는 표현

- **slit / squint / coin slot**
  동양인의 작은 눈을 가리키는 표현

- **pancake**
  동양인의 콧대가 낮고 얼굴이 팬케이크처럼 평평하다는 데에서 유래한 표현

- **egg head**
  동양인의 머리가 달걀형으로 크다는 데에서 비롯한 표현

- **oreo**
  oriental이라는 말에서 비롯한 인종 차별 표현

- **knees**
  Japanese, Chinese, Taiwanese처럼 아시아 출신을 가리키는 표현 가운데 –nese로 끝나는 표현이 많아서 생긴 속어

Teacher's Tips

▶ 외국인이 두 집게손가락으로 두 눈의 바깥쪽 끝부분을 누르면서 뒤로 잡아당겨 눈이 작아지게 하는 행동을 하는 것은 매우 인종 차별적이고 모욕적인 행위입니다.

▶ oriental에는 '동양의, 동쪽의'라는 의미 이상의 뜻이 숨어 있습니다. 서양을 세계의 중심에 두고 동양을 미지의 세계로 여기는 단어로, 외국인 혐오와 제국주의적 시각이 담겨 있죠. 2016년에 오바마 전 미국 대통령은 연방 법에서 oriental이라는 단어 사용을 모두 금지하는 조치를 취하기도 했습니다.

연습문제

1 A: _____
(앞 좀 잘 보고 다녀요!)

B: Oh, I'm sorry. I was distracted. (아, 죄송해요. 제가 잠시 딴생각했어요.)

2 A: _____
(조금만 조용히 드시면 안 돼요?)

B: Oh, I'm sorry. (아, 미안해요.)

3 A: Go back to your country! (너희 나라로 돌아가!)

B: _____
(몰상식하긴!!)

4 A: _____
(볼륨 좀 줄여 주실 수 있어요?)

B: Oh, was it too loud? I'm sorry. (소리가 너무 컸나요? 죄송해요.)

5 A: The corniest line ever! (대사 진짜 오글거린다!)

B: _____
(조금만 작게 이야기해 주실래요?)

(정답)

1. Hey, watch it! / Watch where you're going! / Why don't you watch where you're going? 2. Can you be a bit quieter, please? / Could you please eat a bit quieter? / Could you please try and eat a bit quieter? 3. How ignorant! 4. Could you please turn it down a little bit? / Could you please turn the volume down a little bit? 5. Could you speak more softly, please?

선의를 베풀고 싶을 때

한국 사람들은 정이 많아서인지 선의를 베푸는 경우가 많습니다. 도움이 필요한 사람을 발견하면 바쁜 발길을 돌려서 도와주기도 하고 배려가 필요한 사람들에게 누가 먼저라 할 것 없이 손길을 뻗기도 하죠. 이렇게 정 많은 한국인들이 선의를 베풀기 쉽지 않은 상황이 있습니다. 바로 상대방이 외국인일 때입니다.

선의의 배려를 해 주고 싶은데 말이 안 통해서 이러지도 저러지도 못 했던 경험, 다들 한 번쯤 있으시죠? 다음에 그런 상황이 벌어진다면 이어서 나오는 표현들을 활용해 보면 어떨까요?

043 대중교통에서 자리 양보하기

- **You can take my seat.**
  여기 앉으세요.

- **You can take my seat if you'd like.**
- **You can sit here if you want to.**
  제 자리에 앉으셔도 돼요.

- **Hey, would you like my seat?**
  여기 앉으실래요?

Teacher's Tips

▶ 한국인이 흔히 잘못 알고 있는 사실이 있습니다. 바로 노약자를 공경하고 배려하는 문화가 한국에만 있다고 생각하는 것입니다. 실제로는 영어권 국가에서도 대중교통에서 노약자에게 자리를 양보하는 것이 일상입니다. 그러니 상대방이 외국인이라고, 해외 여행 중이라고 '자리 양보 안 해도 괜찮겠지.'라고 생각하지 말고 여기 나오는 영어 표현들을 활용해 자리를 양보해 봅시다.

카페에서 주문 순서 양보하기

- **Go ahead.**
- **You can go first.**
- **You go ahead first.**
- **You can order first.**
  먼저 주문하세요.

- **I'm still thinking. You can go first.**
- **I'm still deciding. You can go first.**
  제가 아직 못 골라서요. 먼저 주문하세요.

Teacher's Tips

▶ "Go ahead."는 타인이 뭔가를 하려고 할 때 그것을 하라고 허락하는 말로, 주문 순서를 기다리는 상황 말고도 양보를 하는 상황에서 두루 사용할 수 있습니다. 예를 들어 두 사람이 거의 동시에 문 앞에 도착했을 때 그중 한 사람이 "Go ahead."라고 하면 다른 사람에게 먼저 열고 나가라고 양보하는 뜻입니다.

연습문제

1 A: _____
(제 자리 앉으셔도 돼요.)

B: Thank you so much! (정말 고마워요.)

2 A: _____
(제가 아직 못 골라서요. 먼저 주문하세요.)

B: Oh, thanks. (아, 고마워요.)

외국인과 함께
엘리베이터를 탔을 때

중요한 미팅 약속에 늦은 당신. 약속 장소까지 허겁지겁 달려왔는데, 엘리베이터를 타려고 하는 순간 눈앞에서 문이 닫히고 있습니다. 이런 상황에서 당신은 어떻게 하시겠습니까?

또 다른 상황. 무척 붐비는 엘리베이터에 탔는데 하필이면 버튼 바로 앞에 붙어 서게 되었습니다. 다음 층에서 올라탄 외국인이 자꾸만 내가 서 있는 쪽을 흘끔거립니다. 이런 상황에서 당신은 어떻게 하시겠습니까?

의외로 엘리베이터 안에서 뭔가를 부탁하거나 부탁받을 일이 많이 벌어지곤 합니다. 이럴 때 영어를 못해서 소심해지는 일이 없도록, 유용하게 활용할 수 있는 표현들을 배워 봅시다.

엘리베이터를 잡아 달라고 부탁하기

- **Wait!**
- **Wait, please!**
  잠깐만요!

- **Please hold the door!**
  문 좀 잡아 주시겠어요?

- **Excuse me! Can you hold the door please?**
  죄송한데 문 좀 잡아 주시겠어요?

보너스 편

직장인 편

여행 편

Teacher's Tips

▶ 가끔 엘리베이터 문이 닫히기 직전에 버튼을 눌러서 문을 열고는 아무 말 없이 엘리베이터에 타는 무례한 사람들을 보곤 합니다. 이럴 땐 양해를 구한다는 의미로 "I'm sorry." 같은 표현을 활용하면 좋습니다.

엘리베이터에서 대신 버튼을 눌러 주려고 몇 층 가느냐고 물어보기

- **Which floor?**
- **Which floor would you like?**
- **Which floor are you going?**
- **Which floor do you need?**

  몇 층 가세요?

- **Do you want me to press a button for you?**

  버튼 대신 눌러 드릴까요?

- **Does anybody need me to press a button for you?**

  제가 대신 버튼 눌러 드렸으면 하는 분 있나요?

Teacher's Tips

▶ "Does anybody need me to press a button for you?"는 한꺼번에 여러 사람이
엘리베이터에 탔는데 내가 버튼 앞쪽에 서게 되었을 때, 새로 탄 사람들에게 쓸 수
있는 표현이에요. 엘리베이터에서 외국인이 버튼을 누르지 못해 당황하는 것처럼
보일 때 활용해 보세요.

엘리베이터에서 대신
버튼을 눌러 달라고 부탁하기

- **Could you press the second floor please?**
  2층 좀 눌러 주실래요?

- **Could you press the ground floor please?**
  1층 좀 눌러 주실래요?

- **Could you press the lobby (floor) please?**
  로비 층 좀 눌러 주실래요?

- **Could you press B1 please?**
  지하 1층 좀 눌러 주시겠어요?

Teacher's Tips

▶ 1층을 영국에서는 the ground floor라고 하고 미국에서는 the first floor라고 합니다. 영국에서는 the ground floor 위에 있는 층(2층)을 the first floor, 그 위에 있는 층(3층)을 the second floor라고 합니다. 반면 미국에서는 2층을 the second floor, 3층을 the third floor라고 합니다.

▶ B1을 the first basement floor라고 풀어서 말할 수는 있지만 실제로는 거의 그렇게 쓰지 않아요. 그냥 B1(B one)을 눌러 달라고 하는 게 일반적이니 참고하세요.

붐비는 엘리베이터에서 내린다고 이야기하기

- **Excuse me. / I'm sorry.**
  내릴게요.

- **Excuse me. I need to get out.**
- **I'm sorry. This is my floor.**
  죄송해요. 좀 내릴게요.

- **I'm getting off at the eigth floor.**
  저 8층에서 내리거든요.

- **Could you please move a little bit?**
  조금만 비켜 주실 수 있나요?

- **Could you please move a little bit so that I can get out?**
  저 좀 내리게 조금만 비켜 주세요.

- **Thank you. / Thank you for moving.**
  고맙습니다.

Teacher's Tips

▶ 영어권 국가 사람들은 "Excuse me."나 "I'm sorry."를 입에 달고 삽니다. 조금이라도 불편을 끼치는 상황에서는 이런 표현을 적극적으로 활용하는 편을 추천합니다.

▶ 붐비는 엘리베이터에서 내리기 전에 가까이 서 있는 사람에게 미리 언질을 주는 것도 방법입니다. 8층에서 내려야 한다면 6층이나 7층쯤에서 근처 사람들에게 "I'm getting off at the eight floor."(저 8층에서 내리거든요.)라고 말해 보세요.

연습문제

1 A: _____
(몇 층 가세요?)

B: Could you press the ground floor please? Thank you.
(1층 좀 눌러 주실래요? 고맙습니다.)

일상편

2 A: _____ I'm sorry.
(문 좀 잡아 주시겠어요? 죄송해요.)

B: That's alright. (괜찮아요.)

직장편

3 A: _____
(버튼 대신 눌러 드릴까요?)

B: Could you press the fifth floor please? Thanks.
(5층 좀 눌러 주시겠어요? 고맙습니다.)

여행편

4 A: _____
(조금만 비켜 주실 수 있나요?)

B: Oh, I'm sorry. (아이고, 죄송해요.)

정답

1. Which floor? / Which floor would you like? / Which floor are you going? 2. Please hold the door! 3. Do you want me to press a button for you? 4. Could you please move a little bit?

몸이 아플 때

영어권 국가 사람들은 일상적으로 걸릴 수 있는 감기 같은 질병에 대해서 이야기할 때 한국 사람들과 표현 방식이 많이 다른 편입니다. 한국 사람들은 감기 증상이 나타나는 신체 부위에 '감기'라는 말을 더해서 '코감기', '목감기' 같은 명사를 주로 쓰는 반면 영어권 사람들은 감기 증상을 묘사하는 식으로 표현하곤 합니다.

또 한국에서는 환절기 인사말로 "감기 조심하세요."를 으레 쓰지만 영어로 이 말을 직역해서 쓰면 굉장히 어색한 상황이 펼쳐집니다. 편지나 엽서 맨 끝에 "I wish you good health."(늘 건강하세요.) 같은 문장을 붙이는 경우가 있긴 하지만 한국 사람들처럼 밥 먹듯이 하는 인사말은 아니에요.

그렇다면 원어민은 어떤 식으로 건강 관련 이야기를 나눌까요? 원어민에게 친숙한 건강 관련 표현을 알아봅시다.

감기와 관련한 일반적인 표현

- **I caught a cold.**
  저 감기 걸렸어요.

- **I have the flu.**
  저 독감 걸렸어요.

- **Put on some more layers. You're going to catch a cold.**
  옷 좀 따뜻하게 챙겨 입어요. 감기 걸릴지도 몰라요.

- **I have a cough.**
- **I have a little cough.**
  기침이 나와요.

Teacher's Tips

▶ 일반 감기는 열을 동반하지 않는 감기로 a cold, a common cold라고 합니다. 열이 나는 독감은 the flu라고 하니 구분해서 씁시다.

▶ 일반 감기를 표현할 때는 a cold처럼 부정 관사 a(n)를 쓰지만, 독감을 의미하는 flu 앞에는 정관사 the를 붙이는 것이 특징입니다.

▶ 한국에서는 감기 조심하라는 인사를 자주 하는데, 영어권 국가에서는 이런 인사를 하는 문화가 없습니다. "Put on some more layers. You're going to catch a cold."처럼 말을 한다면, 정말 감기 걸릴까 봐 걱정되어서 하는 말처럼 들립니다. 그러니 이런 말을 인사치레로 하는 것은 어색합니다.

코감기에 걸렸다고 말하기

- **I have a stuffy nose.**
  코가 막혀요.

- **I have a runny nose.**
  콧물이 나요.

- **Please excuse my nasal voice. It's due to my bad cold.**
  제가 코맹맹이 소리가 나는데 양해 부탁드립니다. 감기가 심하게 걸려서요.

- **My voice is very nasally.**
  제가 코맹맹이 소리가 좀 납니다.

Teacher's Tips

▶ 영어에서는 '코감기', '목감기'처럼 감기를 세분화해서 표현한 단어를 거의 쓰지 않습니다. 그 대신 특정 신체 부위에 나타나는 증상을 묘사하는 관용구를 활용하는 경우가 많으니, 이런 관용구를 풍부하게 알아 두면 큰 도움이 될 거예요.

051 목감기에 걸렸다고 말하기

세 유 상

- **I have a sore throat.**
  목이 따끔따끔합니다.

- **I have a swollen throat.**
  목이 부었어요.

- **My throat is swollen and sore.**
  목이 붓고 아파요.

- **My throat is full of phlegm.**
- **I have a congested throat.**
  목에 가래가 엄청 끓어요.

Teacher's Tips

▶ phlegm/flem/은 '가래'를 뜻하는 단어입니다. 다소 생소하긴 하지만 감기 증상을 이야기할 때 흔히 쓸 수 있는 말이니 이번 기회에 외워 두면 좋겠죠?

052 몸살 났다고 말하기

- **I have the shivers.**
- **I have (the) (cold) chills.**
- **I'm shivering.**
  오한이 나요.

- **My whole body aches.**
  제대로 몸살에 걸렸어요.

Teacher's Tips

▶ 몸이 으스스하거나 안 좋을 때 한국 사람들은 "컨디션이 안 좋아요."라는 표현을 종종 씁니다. 이 문장을 직역해서 "My condition is bad."라고 말하는 사람들이 있는데, 완벽한 콩글리시예요. condition(상태)은 '사람의 건강 상태'가 아니라 '물건의 상태' 등을 가리킬 때 쓰입니다. 사람의 건강을 이야기하는 맥락에서 condition을 쓰면 '질병'이라는 뜻이 돼요. 예를 들어 '기저 질환'을 영어로 하면 a preexisting condition이라고 합니다.

근육통이 있다고 말하기

- **I have sore muscles.**
- **My muscles are sore.**
- **My muscles ache.**

근육이 아파요.

- **My muscles are tight.**
- **My muscles feel tight.**

근육이 뭉쳤어요.

- **My leg muscles are killing me.**

다리 근육이 너무 아파요.

Teacher's Tips

▶ "... is/are killing me."는 '… 때문에 너무 괴롭다.'라는 뜻입니다. 특정 신체 부위가 아플 때도 쓸 수 있고("My head is killing me."(머리가 깨질 것 같아요.)) 그냥 골치가 아 픈 상황에서도 쓸 수 있어요. 예를 들어 "... is/are killing me."의 주어로 사람을 써 서 "You are killing me."라고 하면 '내가 너 때문에 정말 돌아 버리겠다.'라는 뜻이 됩니다.

배탈 났다고 말하기

- **I'm having a stomach issue.**
  지금 속이 좀 안 좋아요.

- **I think I ate something that has disagreed with me.**
  먹은 게 뭔가 잘못됐나 봐요.

- **I have a sick stomach.**
  배탈 났어요.

- **I have an upset stomach.**
  체했어요. / 배탈 났어요.

- **I have the runs.**
  (비격식) 나 설사해.

- **That food ran right through me.**
  (비격식) 먹으니까 바로 설사하네.

- **I have really bad diarrhea.**
  (비격식) 지금 설사가 심해요.

Teacher's Tips

▶ 편하고 가까운 사이가 아니라면 굳이 설사한다는 사실까지 말할 필요는 없습니다. 서로 예의를 지켜야 하는 상황이라면 "I'm having a stomach issue.", "I think I ate something that has disagreed with me." 같은 간접적인 표현을 사용하는 편이 낫습니다.

055 눈병 났다고 말하기

- **I have an eye infection.**
  눈병이 났어요.

- **I have an eye infection in both eyes.**
  양쪽 눈에 눈병이 났어요.

- **You're eyes are blood-shot.**
- **Your eyes are red.**
  당신 눈이 충혈됐네요.

Teacher's Tips

▶ eye disease라는 표현은 다소 심각하게 들릴 수 있어요. infection('감염'이라는 뜻)
이라는 단어를 활용해 an eye infection이라고 이야기해 봅시다.

피부가 따갑다고 말하기

- **It hurts.**
- **It burns.**
- **It kind of stings.**

  좀 따가워요.

Teacher's Tips

▶ "It hurts."는 따갑지 않더라도 뭔가 아픔을 느낄 때 전반적으로 쓸 수 있는 표현입니다.

▶ burn은 햇볕에 피부가 탔다거나 어떤 이유로 피부가 손상된 상태에서 물이나 그 밖에 자극을 줄 수 있는 물질에 닿았을 때 느끼는 통증을 표현하는 말입니다. 상처를 소독하기 위해 소독용 알코올 등을 부었을 때에도 burn이라는 단어를 활용할 수 있습니다.

▶ sting은 살이 베였다든지 해서 따끔하게 아픈 것을 표현하는 단어입니다.

연습문제

1 A: Are you okay? (괜찮아요?)

B: _____

(저 감기 걸렸어요.)

2 A: What are your symptoms? (환자 분 어디가 불편해서 오셨어요?)

B: _____

(목이 부었어요.)

3 A: _____

(너 눈이 충혈됐어.)

B: Yeah, I know. I didn't get enough sleep.

(응, 알아. 잠을 많이 못 자서 그런가 봐.)

4 A: _____

(병가 내고 하루 쉬어.)

B: I can't! I have a deadline to meet! (안 돼. 납기 맞춰야 한단 말이야.)

5 A: It's going to burn a little bit. (조금 따가울 거예요.)

B: Ouch! _____

(아야! 따가워요!)

스포츠 경기를
관람할 때

한국 사람들만큼이나 영어권 국가 사람들도 스포츠를 엄청나
게 사랑합니다. 단, 영어권 국가 가운데 영국에서는 축구의 인
기가 대단하지만 미국에서는 축구를 이민자의 스포츠처럼 여
기는 경향이 있어요. 영국 출신 축구 스타 데이비드 베컴이 미
국 축구팀으로 스카우트됐을 때도 베컴은 화제가 됐지만 축구
는 화제가 되지 못했어요. 만일 스포츠를 소재로 자연스럽게
대화를 나누고 싶다면 축구보다는 나라를 가리지 않고 고루
인기 있는 야구나 농구 등을 언급하는 편이 좋습니다.

미국에서 가장 인기 있는 스포츠는 미식축구인데요, 리그
우승 팀을 가리는 슈퍼볼Super Bowl이 열리는 날에는 군인들까
지 하루 쉬게 해 줄 정도입니다. 시청률 또한 대단해서 슈퍼볼
경기 중간에 방영되는 30초짜리 광고는 광고비가 500만 달러
(한화 약 61억 원)를 크게 웃도는 수준이라니 대단하죠?

057

응원하는 팀이나 선수 물어보기

- **Are you a Dodgers fan?**
  다저스 팬인가요?

- **I'm not a baseball guy.**
  저 야구 안 좋아해요.

- **Do you root for the local team?**
  이 지역 팀을 응원하세요?

- **What team are you supporting?**
- **Who is you team?**
- **Who are you rooting for?**
- **Which team are you rooting for?**
  어느 팀을 응원하세요?

- **Who is your favorite player?**
  제일 좋아하는 선수가 누구예요?

Teacher's Tips

▶ "I'm not a . . . guy."라고 하면 '저 … 안 좋아해요.'라는 뜻입니다. 반대로 "I'm a . . . guy."라고 하면 '저 … 좋아해요.'라는 뜻이 됩니다.

▶ 한국 프로 야구나 프로 농구처럼 영어권 국가에도 각 도시를 대표하는 스포츠 팀이 있습니다. 그 지역을 대표하는 팀을 영어로 local team이라고 표현합니다.

▶ 팀을 의인화하여 who라는 의문사를 활용해 물어볼 수도 있습니다. 사람으로 이뤄져 있는 집단을 가리킬 때에는 그 집단 전체를 사람처럼 취급하는 경우가 종종 있으니 활용해 보세요.

스포츠 경기 중간에 합류하면서 말 걸기

- **Who's winning?**
  누가 이기고 있어요?

- **How are they playing today?**
  잘하고 있어요?

- **Who has the ball?**
- **Who's got the ball?**
  (미식축구에서) 어느 팀 공격이에요?

- **Who's pitching?**
  (야구에서) 어느 팀이 수비 중이죠?

Teacher's Tips

▶ 야구에서 투수를 pitcher라고 합니다. pitch는 '던지다'라는 뜻의 동사입니다. "Who's pitching?"이라고 하면 '어느 팀이 투구하고 있어?', 즉 '어느 팀이 수비 중이야?' 하는 뜻이 됩니다. 투수가 던진 공을 받는 포수는 catcher라고 합니다. '잡는 사람'이라는 뜻 그대로이니 크게 어렵지 않죠?

▶ 1루수는 first baseman, 2루수는 second baseman, 3루수는 third baseman, 유격수는 shortstop, 좌익수는 left fielder, 중견수는 center fielder, 우익수는 right fielder라고 합니다. 타자는 야구 방망이a bat를 휘두르는 사람이라고 해서 batter라고 합니다.

▶ 축구나 농구는 한국 사람들이 알고 있는 영어식 포지션 이름을 그대로 활용하면 됩니다.

응원하는 팀의 성적이 좋지 않다고 이야기하기

- **They're not doing so great this year.**
- **It hasn't been their year.**
- **It's just not their year.**

  올해는 성적이 별로예요.

- **It's been a rough season for the Dodgers.**

  다저스는 이번 시즌이 진짜 잘 안 풀렸어요.

Teacher's Tips

▶ 'haven't/hasn't been someone's + 기간 명사'는 'someone에게 잘 안 풀리는 (기간)이었다.'라는 뜻입니다. 꼭 스포츠에만 쓰는 표현은 아니고 다양한 맥락에서 활용할 수 있어요. 예를 들어 올해 하는 일이 잘 안 풀린 경우, "It hasn't been my year."(올해는 정말 되는 일이 없었어.)라고 말할 수 있습니다. 일진이 좋지 않았다면 "It hasn't been my day."(오늘은 일진이 진짜 안 좋네.)라고 할 수 있습니다.

060 부당한 심판 판정에 화내기

- ## Is the referee/ref blind?
  야, 저 심판은 눈이 없냐?

- ## That's bullshit!
  (비속어) 판정을 저따위로 하고 앉아 있어!

- ## He didn't touch him!
  닿지도 않았구만!

Teacher's Tips

▶ 축구, 농구, 미식축구의 심판은 referee, 줄여서 ref라고 부르고 야구, 테니스 등의 심판은 umpire라고 부릅니다. 두 단어를 잘 외워 두었다가 각각의 스포츠를 볼 때 꼭 활용해 보세요.

연습문제

1 A: _____
(너 다저스 팬이니?)

B: No, I'm a Giants fan. (아니, 나는 자이언츠 팬이야.)

2 A: _____
(네가 제일 좋아하는 선수가 누구야?)

B: LeBron James is my all-time favorite.
(나는 예전부터 르브론 제임스 팬이었어.)

3 A: Hey, buddy! (어, 왔어?)

B: So, _____
(어, 누가 이기고 있어?)

4 A: How are they playing this year? (이번 해 걔네 성적 좀 어때?)

B: _____
(올해는 성적이 별로야.)

5 A: Did he just call a foul? (저게 파울이라고?)

B: _____
(야, 저 심판은 눈이 없다니?)

정답

1. Are you a Dodgers fan? 2. Who is your favorite player? 3. Who's winning? 4. They're not doing so great this year. / It hasn't been their year. / It's just not their year. 5. Is the referee/ref blind?

-제3부-

무조건
통하는
압축
영어

: 직장 편

외국인 동료와 가벼운 대화를 나눌 때

사실 '일반 영어'와 '비즈니스 영어'가 따로 존재하지는 않습니다. 실제로 영어로 일을 해 보면 비즈니스 영어 강의에서 알려주는 딱딱한 표현보다는 구어체나 비격식체를 흔히 활용한다는 사실을 금세 알아차릴 수 있죠. 회사라는 장소에서 만났을 뿐, 본질적으로는 사람과 사람의 대화이기 때문입니다. 그래서 '회사에서는 무조건 이렇게 말해야 해.'라는 고정 관념을 버리고 편하게 구사할 수 있는 표현들을 많이 알아 두면 오히려큰 도움이 됩니다. 직장 동료와 가벼운 대화를 나눌 때 써먹을 수 있는 표현들을 알아봅시다.

- **Nice to meet you.**
- **It's a pleasure to meet you.**
  잘 부탁드립니다.

- **I'm glad to be part of the team.**
  팀에 합류하게 되어서 기쁩니다.

- **I'm excited to work with all of you.**
  함께 근무하게 되어서 기쁩니다.

- **I'm looking forward to working with you.**
- **I'm looking forward to working with you in the future.**
  앞으로 잘 부탁드립니다.

- **It's so nice to make your acquaintance.**
- **I'm pleased to make your acquaintance.**
  (격식) 만나 뵙게 되어서 반갑습니다.

Teacher's Tips

▶ 앞서 2부에서도 간단히 언급했듯이 영어 문화권에서 나를 잘 부탁한다는 표현은 정서적으로 어울리지 않아요. 한국어의 이 말을 영어로 그대로 옮기면 회사에서 내 능력이 상대방이 도움을 주느냐 여부에 따라 달라진다는 뜻처럼 들릴 수 있어서 자신 없는 사람으로 보일지도 몰라요. 그러니 회사에서 영어로 첫인사를 할 때는 자신 있는 표정으로 "함께 일하게 되어 기쁩니다!"라고 말하는 편이 훨씬 좋습니다.

서울에서 가 볼 만한 장소를 추천해 달라는 외국인 동료에게 제안하기

- **Have you been to . . . yet?**
  혹시 … 아직 안 가 봤어요?

- **How about trying . . .?**
  … 가 보는 건 어때요?

- **You must visit . . .**
- **You should definitely try . . .**
  … 진짜 꼭 가 보셔야 해요.

- **Would you be interested in visiting . . .?**
  … 한번 가 보세요.

- **I think you would like/enjoy it.**
  거기 좋아하실 것 같아요.

Teacher's Tips

▶ How about 다음에 trying 같은 동명사(동사를 명사처럼 변형하여 쓰는 경우)만 나온
다고 생각하는 사람들이 많은데, 그냥 문장을 써도 됩니다. 예를 들어 '명동에 한번
가 보는 게 어때요?'라고 할 때 "How about trying Myeong-dong?"이라고 해도
되고 "How about you try Myeong-dong?"이라고 해도 됩니다.

연습문제

1 A: _____
(잘 부탁드립니다.)

B: Welcome to the team. (환영해요.)

2 A: Do you want to introduce yourself? (자기소개 해 주세요.)

B: Hi, I'm James.

_____
(안녕하세요. 제임스라고 합니다. 팀에 합류하게 되어서 기쁩니다.)

3 A: _____ Myeong-dong?
(명동에 가 보는 건 어때요?)

B: Where is it? (그게 어디 있는데요?)

외국인 손님을
응대할 때

해외에서 손님이 왔을 때, 대부분은 영어가 유창한 직원이 상대를 하겠지만 업무상 필요에 의해 회의나 식사 자리에 동석하게 될 수도 있습니다. 이때 기본적으로는 가벼운 잡담을 나눈다는 마음으로 임하되, 동료와 대화할 때보다는 좀 더 예의를 갖춘 표현을 활용해 봅시다. 과도하게 어려운 말을 억지로 쥐어짜 내려고 하면 손님이 오히려 부담스러워하거나 불편해할 수 있으니 무리하지 않아도 됩니다. 자신이 할 수 있는 간단한 영어로 상대방에게 성의만 표해도 충분합니다.

외국인 손님과 첫인사 나누기

- **How are you doing today?**
- **How are you?**
  안녕하세요.

- **It's nice to meet you.**
  반갑습니다.

- **It's so nice to finally put a face to the name.**
  드디어 직접 뵙게 됐네요.

- **It's so nice to make your acquaintance.**
- **I'm pleased to make your acquaintance.**
  (격식) 만나 뵙게 되어서 반갑습니다.

Teacher's Tips

▶ 이메일 등으로 소통하며 이름만 알다가 직접 만나게 되는 협력 업체 직원이 있을 수 있습니다. 그럴 때는 먼저 "How are you doing today?", "How are you?", "It's nice to meet you." 등의 인사말을 건넨 뒤에 "It's so nice to finally put a face to the name."이라는 말을 이어서 해 보세요. 그러면 훨씬 더 자연스럽게 말을 이어 나갈 수 있을 거예요.

협력 업체 직원에게
한국 음식 소개하기

- **This is a traditional item on the menu.**
  한국 전통 음식이에요.

- **This is a popular item in this area.**
  여기 오면 이 음식을 많이 먹어요.

- **This is a popular item on the menu.**
  이 음식이 이 식당에서 인기 있어요.

- **This is typical food in this country.**
  한국에서 흔히 먹는 음식이에요.

- **This is a typical dish that many people like.**
  인기 있는 대표 음식이에요.

- **You cannot come to Korea and not try this.**
  한국 와서 이걸 안 드셔 보시면 안 돼요.

Teacher's Tips

▶ 한국 음식은 재료나 조리법이 서양식과 많이 다릅니다. 한국 고유의 음식을 주제로 깊이 있는 대화를 나누는 것은 상급 영어 구사자에게도 매우 어려운 일이니 무리하게 자세히 설명하려다 서로 민망한 상황을 연출하지 맙시다. 음식이 나오면 간단히 어떤 재료로 만들어진 음식인지 정도만 소개한 뒤 자신 있는 화제를 중심으로 대화를 이어 나가는 편을 추천합니다.

연습문제

1 A: _____

(반갑습니다.)

B: Nice to meet you. (반가워요.)

2 A: _____

(격식) (만나 뵙게 되어서 반갑습니다.)

B: It's a pleasure to meet you. (만나 뵈어서 기쁩니다.)

3 A: Would you like to try rice cake soup?

_____

(떡국 한번 드셔 보실래요? 한국 와서 이걸 안 드셔 보시면 안 돼요.)

B: Sure, I'll have that. (그러죠. 한번 먹어 보죠.)

4 A: Do you want to try Naengmyeon?

_____

(냉면 드셔 보시는 게 어때요? 여기 오시면 이걸 많이 드세요.)

B: Yeah, I'll have that. (네, 한번 먹어 보죠.)

정답

1. It's nice to meet you. 2. It's so nice to make your acquaintance. / I'm pleased to make your acquaintance. 3. You cannot come to Korea and not try this. 4. This is a popular item in this area.

회사에서 외국인에게 전화를 받았을 때

급속도로 진행되는 세계화의 시대. 외국 회사나 외국계 기업과 직접 비즈니스를 하지 않더라도, 일을 하면서 외국인을 만나는 기회가 부쩍 늘어나고 있습니다. 외국 회사에서 걸려 온 전화를 받게 되는 경우도 심심치 않게 있죠. 이럴 때는 더도 덜도 말고, 용건이 무엇인지, 누구를 찾고 있는지만 물어볼 수 있어도 좋겠다는 생각이 간절해집니다. 현실은 이마저도 어려워서 쩔쩔매는 사람들이 대부분이죠. 다음에 외국인에게 전화를 받으면 지금부터 배우는 영어 표현을 자신 있게 활용해 봅시다.

전화를 당겨 받았는데
외국인이 말을 걸었을 때 대답하기

- **How can I help you?**
- **What can I do for you?**
  어떤 일로 전화 주셨어요?

- **Who do you want to talk to?**
- **Who do you want to speak with?**
- **Who do you wish to speak to?**
  어느 분 찾으세요?

- **How may I direct your call?**
  어디로 연결해 드릴까요?

- **Who's calling?**
- **May I ask who's calling?**
  어디에서 전화 주시는 건가요?

- **Do you happen to know the extention number of the person you want to talk to?**
  혹시 찾는 분 내선 번호 알고 계신가요?

Teacher's Tips

▶ 외국에서 걸려 온 전화라는 사실을 미리 알 수 있을 경우에는 전화를 받자마자 "Hello, this is Taehoon Kim speaking. How may I help you Sir or Madam?"(김태훈입니다. 무엇을 도와드릴까요?)이라고 말하면 됩니다. 마지막에 Sir or Madam이라고 하는 것은 상대가 말하기 전까지는 전화를 건 사람이 남자인지 여자인지 모르기 때문이니 참고하세요.

영어로 응대할 수 있는
직원을 연결해 주기

- **Please hold.**
- **Hold, please.**
- **Please hold the line.**
- **Just a moment, please.**
  잠시만 기다려 주세요.

- **Would you care to hold?**
  잠시만 기다려 주시겠어요?

- **Let me connect you to someone who can help.**
  도와드릴 수 있는 분에게 전화를 연결해 드릴게요.

- **Let me connect you with that department.**
  그쪽 부서로 연결해 드리겠습니다.

- **Let me transfer you to the customer service department.**
- **Let me get you in touch with customer service.**
  고객 서비스 부서로 연결해 드리겠습니다.

Teacher's Tips

▶ 상대가 찾는 사람 또는 직접 영어로 응대할 수 있는 사람이 자리에 없을 경우 '지금 자리에 안 계시네요.'라고 말하고 싶을 때에는 "He/She is not available." 또는 "He/She is away from his/her desk."라고 하면 됩니다. 전할 말이 있는지 묻기 위해 '메모를 남겨 드릴까요?'라고 말하고 싶다면 "Can/May I take a message?"라고 하면 됩니다.

연습문제

1 A: _____
(어떤 일로 전화 주셨어요?)

B: I need some help with the report you sent me.
(보내 주신 보고서 관련해서 좀 도움이 필요해서요.)

2 A: _____
(도와드릴 수 있는 분께 전화 연결해 드릴게요.)

B: I appreciate it. (고맙습니다.)

3 A: _____
(어느 분 찾으세요?)

B: Is Mr. Park available? (박 부장님 계신가요?)

4 A: _____
(잠시만 기다려 주시겠어요?)

B: Sure. Thanks. (네, 감사합니다.)

정답

1. How can I help you? / What can I do for you? 2. Let me connect you to someone who can help. 3. Who do you want to talk to? / Who do you want to speak with? / Who do you wish to speak to? 4. Would you care to hold?

회의 시간이나 안건을 확인할 때

외국인 동료들과 함께하는 회의가 잡혔습니다. 회의 일정과 안건을 전달받지 못해서 물어보고 싶은데 지금 사무실에 외국인 동료밖에 없네요. 회의가 당장 한 시간 후인데 말이죠. 용기를 내어 외국인 동료에게 다가가 보지만 어떻게 말을 걸어야 할지도 모르겠고, 괜히 어색한 상황을 연출하기 싫다는 마음이 앞섭니다. 결국 조용히 자리로 돌아와서 한국인 동료가 나타날 때까지 기다리기로 합니다.

이 에피소드, 혹시 지금 이 글을 읽고 있는 여러분 이야기 아닌가요? 회의 일정이나 안건을 물어보는 영어 표현은 생각보다 훨씬 쉽습니다. 이 정도 질문은 자신 있게 영어로 할 수 있도록 다음에 나오는 표현들을 함께 공부해 봅시다.

067

회의 시간 확인하기

- **What time?**
  (회의가 있다는 말을 듣고 나서) 몇 시인데요?

- **When's the meeting?**
- **What time is the meeting?**
- **What time does the meeting start?**
  회의 몇 시예요?

- **When are we supposed to be there?**
  회의실에 몇 시까지 가야 하나요?

Teacher's Tips

▶ 회사의 규모나 특성에 따라 회의 장소가 여러 군데일 수 있습니다. 그러면 회의 장소를 물어볼 일이 생길 수 있죠. 이럴 때는 위의 문장에서 when 또는 what time을 where로 바꿔서 "Where is the meeting?"(미팅 장소 어디예요?)라고 말하면 됩니다.

068 회의 안건 확인하기

- So what's on the table today?
- What's today's meeting about?
- What's the topic of the meeting?
- What's the purpose of the meeting?
- What's the agenda for today's meeting?

오늘 회의 안건이 뭔가요?

Teacher's Tips

▶ on the table은 회의 상황에서는 '안건에 포함된'이라는 뜻이지만, 프로젝트를 진행하거나 협상을 하는 상황에서는 '(제안 및 계획 등이) 유효한'이라는 뜻으로 사용합니다. 예를 들어 "I wouldn't wait too long to accept the job offer. It might not be on the table for very long."이라고 하면 '나라면 너무 오래 끌지 않고 그 일자리 제안 수락할 것 같은데요. 언제까지 기다려 줄지 모르잖아요.'라는 의미입니다.

연습문제

1 A: So, where is the meeting? (그래서 회의 장소 어디예요?)

B: At the Conference Room C. (C 회의실이에요.)

A: _____
(몇 시인데요?)

B: 5:30 p.m. (5시 30분요.)

2 A: _____
(회의 몇 시예요?)

B: 5:30 p.m. (오후 5시 30분입니다.)

3 A: _____
(오늘 회의 안건이 뭔가요?)

B: Our budget plan for the coming year. (내년 예산안이에요.)

영어로
프레젠테이션을 할 때

성별, 나이, 직업 등을 불문하고 프레젠테이션을 잘하는 기술은 누구에게나 매우 중요합니다. 프레젠테이션 하나에 학점이나 승진이 왔다 갔다 하기도 하고 어마어마한 자금이 오고 가기도 하니까요.

그런데 한국어로 해도 어려운 프레젠테이션을 영어로 하라고 하면 당연히 머리에 쥐가 날 수밖에 없습니다. 핵심 내용은 영어 잘하는 사람에게 부탁해서 번역해 달라고 한 다음 달달 외우면 어떻게든 될 수 있지만, 중간중간 즉석에서 뱉어야 하는 영어 표현은 누구한테 부탁할 수도 없고 막막하게만 느껴질 거예요.

이런 막막한 마음을 달래 줄 알짜배기 프레젠테이션 표현들을 모아 봤습니다. 영어 프레젠테이션 일정이 잡혔다면 매일 소리 내어 읽으면서 이 표현들을 온전히 내 것으로 만들어 봅시다.

프레젠테이션 중에
자주 쓰는 표현 (1)

영어 표현

직장 편

여행 편

- **I'd like to begin by . . .**
  …하면서 오늘 프레젠테이션을 시작하고자 합니다.

- **Today, I'd like to talk about . . .**
  오늘은 …에 대해서 말씀드리겠습니다.

- **Alright, moving on. / Next.**
  그럼 다음으로 넘어가겠습니다.

- **Next up,**
  다음은.

- **Next up is . . .**
  다음은 …입니다.

- **Next, I'd like to talk about . . .**
  다음은 …에 대해서 알아보겠습니다.

- **Last but not least, I'd like to talk about . . .**
- **Alright, finally, I'd like to tell you about . . .**
  마지막으로 …에 대해서 말씀드리겠습니다.

Teacher's Tips

▶ "Next up,"은 '다음은,'이라는 뜻의 부사로 뒤이어 나오는 문장과 별도로 쓸 수도 있고("Next up, we'll look at . . ."(다음은, …을 보시겠습니다.)) 문장에 포함해서 쓸 수도 있어요.("Next up is/are . . ."(다음은 …입니다.) 이때는 말줄임표 부분에 들어가는 말이 주어이므로 뒤에 나오는 명사가 단수이면 is, 복수이면 are를 씁니다.("Next up are our marketing strategies."(다음으로 마케팅 전략에 대해 말씀드리겠습니다.))

- **The conference is going to be two hours.**
  본 콘퍼런스는 두 시간 동안 진행됩니다.

- **We're going to have two 10 minute breaks.**
  중간에 10분 휴식을 총 두 번 가질 예정입니다.

- **If you'd like more information about this topic, we have some materials on the table.**
  해당 주제와 관련해 추가 정보를 원하시는 분들은 테이블에 올려놓은 자료를 참고해 주시길 바랍니다.

Teacher's Tips

▶ 프레젠테이션 전문가들은 집중력이 부족한 현대인에게는 무엇을 얼마 동안 말할 것이고, 이 발표를 들으면 무엇을 얻을 수 있는지 서두에 밝히는 편이 좋다고 조언합니다. 프레젠테이션을 시작할 때 주제, 소요 시간, 진행 계획 등을 알려 주면 청중이 발표에 좀 더 집중할 수 있을 거예요. 영어 프레젠테이션에서도 위와 같은 표현을 활용해 집중도를 최대한 끌어올려 봅시다.

071 프레젠테이션을 하다가
화면을 가리키며 말하기

- **On your left/right,**
- **On your left/right side,**
- **On your left-hand/right-hand side,**
- **On your left/right side of the screen,**
  스크린 왼쪽/오른쪽을 봐 주시면.

- **If you take a look at the left/right side,**
  왼쪽/오른쪽을 봐 주시면.

- **If you take a look at the top-right/bottom-left,**
  오른쪽 상단/왼쪽 하단을 봐 주시면.

- **In the top-right/bottom-left corner, you can see . . .**
  오른쪽 상단/왼쪽 하단을 봐 주시면. … 가 있는데요.

Teacher's Tips

▶ 프레젠테이션을 하다 보면 화면의 특정 부분을 가리키는 경우가 많죠? 이때 자주 쓰는 표현들입니다. 이 표현들에는 하나의 패턴이 있습니다. on your left, on your right처럼 전치사 on을 쓴다는 거예요. side라는 단어도 전치사 on과 주로 함께 써요. 예를 들어 강을 가운데 두고 내가 있는 쪽을 이야기할 때 '이쪽에'라는 말을 영어로는 뭐라고 할까요? 네, 이럴 땐 on this side라고 합니다. '저쪽에'는 on that side, '반대편에'는 on the other side라고 하니 참고하세요.

프레젠테이션 중간에 또는 끝나고 나서 질문 받기

- **Please hold your questions until the end.**
  질문은 마지막에 해 주시길 바랍니다.

- **I'll get back to you after the presentation is finished.**
  그 부분에 대해서는 발표가 끝나고 나서 답변드리도록 하겠습니다.

- **Hold that thought. I'll answer the question in just a moment.**
  그 부분에 대해서는 잠시 후에 답변드리도록 하겠습니다.

- **I'd like to take some questions now, if anyone has any questions.**
- **If anyone has any questions, I'll be happy to take them now.**
  질문 있으면 지금 질문을 받도록 하겠습니다.

- **I want to take a couple more questions before I finish.**
  마치기 전에 질문 한두 가지만 더 받겠습니다.

Teacher's Tips

▶ 영어가 편하지 않은데 영어 프레젠테이션을 할 경우, 프레젠테이션을 시작하면서 질문은 발표가 끝난 뒤에 해 달라고 부탁하는 편이 좋습니다.

▶ a couple과 a couple of는 의미가 같아요. 단, a couple은 구어체이니 참고하세요.

연습문제

1 A: _____

thanking everyone for joining me today.
(먼저 오늘 함께 자리해 주신 모든 분께 감사드립니다.)

2 A: _____

you can see our sales have been growing steadily.
(오른쪽 상단을 봐 주시면, 우리 회사 매출이 계속 오름세를 보여 왔다는 것을 보실 수 있습니다.)

3 A: _____
(질문은 마지막에 해 주시길 바랍니다.)

4 A: _____

our new business model.
(다음은 우리의 새로운 비즈니스 모델에 대해서 알아보겠습니다.)

5 A: So, _____

the graph shows our annual growth rate.
(이제 상단에 보시면 우리 회사의 연간 성장률을 보여 주는 그래프가 있는데요.)

정답

1. I'd like to begin by 2. If you take a look at the top-right. / In the top-right corner, / On the top-right, / At the top-right, 3. Please hold your questions until the end. 4. Next I'd like to talk about 5. at the top.

회사 뒷담화를 할 때

좋아하는 일도 생업이 되고 나면 힘들게 느껴질 때가 있습니다. 그나마 좋아하는 일을 하고 있다면 다행입니다. 일이 좋아서가 아니라 월급이 좋아서 회사를 다니고 있는 경우가 사실은 더 많지 않을까요?

점심 먹고 즐기는 커피 한잔의 사치, 업무에 집중이 잘 되지 않을 때 몰래 듣는 현대판 노동요, 퇴근 후 마음 맞는 친구와 함께하는 시원한 맥주 한잔 등 힘든 직장 생활을 견뎌 내기 위해 저마다 다양한 방법을 동원하지만, 스트레스 해소에 '회사 욕'만 한 게 없습니다. 이런 마음은 외국인 동료도 비슷하지 않을까요? 영어로 가볍게 투덜댈 일이 있을 때 쓸 수 있는 표현들을 익혀 봅시다.

073 일이 너무 많다고 불평하기

입상 편

직장 편

여행 편

- **I'm so overworked.**
- **I'm swamped with work.**
- **I'm overwhelmed with work.**
- **I'm up to my neck in work.**
  일이 너무 많아요.

- **They're dead weight.**
  그 사람들은 도움이 안 돼요.

- **They're slackers.**
  그 사람들은 맨날 뺀질거리기만 해요.

- **They're not doing their part.**
- **They are not pulling their own weight.**
  걔네는 자기들 몫을 못 해.

Teacher's Tips

▶ swamp는 '늪'이라는 뜻으로, be swamped with work는 일의 늪에 빠졌다는 비유적인 표현입니다.

▶ be up to one's neck in work는 서류가 목까지 쌓였다는 과장법이에요. neck 말고도 ears나 eyes 등의 단어를 써도 괜찮습니다.

▶ pull someone's own weight는 '제 몫을 하다'라는 뜻으로 조정 경기에서 비롯한 표현입니다. 배에 올라탄 조정 선수가 자신의 몸무게를 상쇄할 만큼의 힘으로 노를 저어 줘야 하는데 그렇게 하고 있지 않다는 의미입니다.

정시 퇴근하고 싶다고 불평하기

- **Can he/she let us go on time just once?**
  한 번이라도 정시 퇴근 좀 시켜 주면 안 되나요?

- **When is he/she going to start letting us go home on time?**
  언제쯤 우리를 정시에 퇴근시켜 주실까요?

- **This is starting to get on my nerves.**
  (반복된 야근에 참지 못해 하는 말) 아니, 이건 좀 아니지 않아요?

Teacher's Tips

▶ 많은 직장인들이 꿈꾸는 '칼퇴'를 영어로는 뭐라고 할까요? go home on time이라고 해도 되지만 이 말은 일 끝나고 집으로 곧장 간다는 의미가 담겨 있죠. 그냥 '제때 회사에서 나온다'라는 말을 하고 싶을 때는 get off work on time이라고 하면 됩니다. 여기서 get off work는 '퇴근하다'라는 뜻이에요. 활용 표현으로 '일 언제 끝나세요?'라고 묻고 싶으면 "What time do you get off work?"라고 하면 됩니다.

연습문제

1   A: So how are they doing? (그래서 그 사람들은 좀 어때요?)

   B: _____

   (그 사람들은 도움이 안 돼요.)

2   A: Why do you hate them so much? (그 사람들이 왜 그렇게 미워요?)

   B: _____

   (그 사람들은 맨날 빼질거리기만 해요.)

3   A: _____

   (한 번이라도 정시 퇴근 좀 시켜 주면 안 되나요?)

   B: I know, right? I'm sick of this! (내 말이! 아, 진짜 지긋지긋해요!)

4   A: _____

   (걔네는 자기들 몫을 못 해.)

   B: It must be pretty annoying to work with them.

   (그 사람들이랑 같이 일하기 진짜 싫겠네요.)

동료들과 편하게 수다를 떨 때

평생 살면서 회사에서 보내는 시간이 평균 9만 시간에 달한다는 이야기를 본 적이 있습니다. 일주일에 닷새씩, 하루 여덟 시간 근무한다고 생각하고 계산해 보면 무려 43년에 달하는 시간이죠. 다시 말해서 직장에서 만나는 사람들과 반평생을 부대끼며 살아야 한다는 겁니다. 요즘은 업무 환경이 점점 글로벌해지고 있어서 외국인 상사나 부하, 동료를 만날 기회가 의외로 많습니다. 당신이 영어로 업무를 진행하지는 않더라도 같은 회사에서 생활하는 외국인들과 가벼운 대화 정도는 나눌수 있으면 좋지 않을까요?

동료들과 안부 인사 나누기

- **What did have for breakfast/lunch/dinner?**
  아침/점심/저녁 뭐 드셨어요?

- **What did you do last night?**
  어젯밤에 뭐 하셨어요?

- **Do you have any plans after work today?**
  오늘 일 끝나고 약속 있어요?

- **Do you have any plans for the weekend?**
  주말에 약속 있어요?

- **What did you do yesterday after you got off work?**
  어제 일 끝나고 뭐 했어요?

Teacher's Tips

▶ '약속'이라는 말을 할 때는 plans라는 복수 단어를 활용합니다. '약속'이라고 하면 promise나 appointment를 떠올리는데, promise는 '마음으로 하는 약속'이라는 뜻이고 appointment는 '예약' 또는 '시간 약속'이라는 뜻입니다.

▶ 한국에서는 같이 영화를 봐도, 식사를 해도, 카페에서 수다를 떨어도 다 '약속이 있다'라고 표현하지만, 영어에서는 구체적으로 무엇을 같이 하는지 콕 짚어서 말하는 게 일반적입니다. 예를 들어 "Do you have any plans after work today?"(오늘 퇴근 후에 약속 있어요?)라는 질문을 받았을 때 "Yes, I have plans with my friends."(네, 친구들이랑 약속 있어요.)라고 대답하기보다는 "Yes, I'm having dinner with my friends."(네, 친구들이랑 저녁 먹기로 했어요.)처럼 대답한다는 거죠. 전자처럼 대답하면 상대방에게 내 계획을 자세히 알려 주고 싶지 않다는 뜻으로 받아들여질 수 있으니 참고하세요.

일이 잘 안 풀려서
힘들어하는 동료 위로하기

- **Hang in there.**
  힘내요.

- **It'll be over before you know it.**
  힘든 건 잠깐이에요.

- **Everything is going to be alright.**
  다 잘될 거예요.

- **If there's anything I can do, let me know.**
  제가 도와드릴 수 있는 게 있으면 알려 주세요.

Teacher's Tips

▶ "Hang in there."는 1970년대에 나온 동기 부여 포스터가 인기를 끌면서 유행한 말이에요. 이 포스터에는 대나무 가지에 매달려 있는 고양이가 그려져 있고 "Hang in there, baby."(아가야, 힘내.)라는 문구가 적혀 있어요. 1970년대에 가장 많이 팔린 포스터 가운데 하나로 기록된 이 포스터를 보고 많은 미국인이 위로를 받았답니다.

077

헤어지면서 안부 인사 나누기

- **Bundle up!**
- **Stay warm!**
  옷 따뜻하게 입어요!

- **Don't forget to wear extra layers.**
  옷 따뜻하게 챙겨 입는 거, 잊지 마세요.

- **Stay safe!**
  건강하세요.

- **Peace.**
  안녕.

- **Take it easy!**
- **I'll see you later.**
  다음에 봐요.

일상 편

직장 편

여행 편

Teacher's Tips

▶ '감기 조심하세요.'를 직역한 인사말은 영어에 없습니다. 그래서 환절기에 감기 조심하라는 말을 하고 싶다면 옷을 따뜻하게 챙겨 입으라는 "Bundle up!"이나 "Stay warm!" 같은 표현을 활용하면 좋습니다..

상사나 동료 뒷담화하기

- **I was like, *Okay, boomer!***
  '아, 네, 꼰대 님.' 이러고 말았지 뭐.

- **He's/She's a control freak.**
  그 사람은 뭐든 자기 뜻대로 다 돼야 직성이 풀려요.

- **He/She is like a slave driver.**
  그 사람은 부하 직원을 무슨 노예 부리듯이 대해요.

- **He/She likes to boss us around.**
  그 사람은 뭐든 자기 뜻대로 돼야 직성이 풀려요.

- **He/She is kind of bossy/controlling.**
  그 사람 엄청 고압적이에요.

- **He/She is a micromanager.**
  그 사람은 하나하나 자기가 다 간섭해야 해요.

Teacher's Tips

▶ "Okay, boomer!"는 최근 유행하기 시작한 말로, boomer는 베이비 부머 세대를 가리킵니다. 베이비 부머 세대와는 대화가 통하지 않는다고 단정하는 젊은이들이 흔히 쓰는 말입니다.

▶ bossy는 다른 사람을 쥐락펴락하기를 좋아하고 고압적으로 대한다는 뜻의 형용사예요. 주의할 점은 '상사가 고압적이에요.'라고 말하고 싶을 때 "I have a bossy boss."라는 표현은 쓰지 않는다는 거예요. 영어에서는 같은 어근을 가지고 있는 표현을 나란히 붙여 쓰지 않는 경향이 있어요. 이럴 때는 "He/She is kind of bossy." 라고 하면 됩니다.

1 A: _____

(점심 뭐 드셨어요?)

B: I had sushi. (스시 먹었어요.)

2 A: Hey, _____

(기운 내요. 다 잘될 거예요.)

B: Thanks. (고마워요.)

3 A: _____

(어제 일 끝나고 뭐 했어요?)

B: I took a shower and went straight to bed. (샤워하고 바로 잤어요.)

4 A: _____

(옷 따뜻하게 입으세요!)

B: Yeah, you stay warm! (네, 옷 따뜻하게 챙겨 입어요!)

5 A: _____

(그 사람은 뭐든 자기 뜻대로 다 돼야 직성이 풀려요.)

B: You're right. (맞아.)

정답

1. What did you have for lunch? 2. Everything is going to be alright. 3. What did you do yesterday after you got off work? 4. Bundle up! 5. He's/She's a control freak.

제4부

무조건 통하는 압축 영어

: 여행 편

해외 여행을 준비할 때

여행은 즐겁지만 준비 과정은 귀찮고 골치 아프죠. 여행사를
끼고 가는 여행이라면 여행사가 알아서 대부분의 문제를 해결
해 주지만, 이 경우에도 당사자가 직접 챙겨야 하는 세세한 사
항들이 있습니다.

여행 가서 당황하거나 여행을 마치고 돌아와서 요금 폭탄을
맞는 황당한 경험을 하지 않도록 다음 표현들을 배워서 꼼꼼
하게 여행 준비를 마쳐 봅시다. 여행 준비 시 이메일 등을 통
해 미리 확인해야 하는 사항들을 영어로 묻는 법을 정리해 보
았습니다.

예약한 호텔에 궁금한 점을 이메일로 물어보기

- **What time is breakfast?**
- **When is breakfast?**
  조식 시간은 몇 시부터 몇 시까지예요?

- **Are pets allowed in the room?**
  반려동물과 함께 묵을 수 있나요?

- **Do you charge for an extra bed?**
  침대 추가하면 추가 비용이 발생하나요?

- **Can you arrange a baby crib?**
  아기 침대 좀 준비해 주실 수 있나요?

- **Can you send me a travel brochure?**
  관광용 팸플릿 좀 보내 주실 수 있나요?

Teacher's Tips

▶ 여행 계획을 철저하게 세워야 안심이 되는 스타일이라면, 숙소에 궁금한 점을 미리 알아보는 편이 큰 도움이 될 거예요. a travel brochure는 여행지 주변 지역 지도, 여행지에서 즐길 수 있는 활동, 유명한 관광지까지 가는 길 등을 담은 팸플릿이라고 보면 됩니다. 디지털 파일로 제공받을 수 있는 경우도 있으니 미리 받아 두면 좋습니다.

▶ 주변 관광 정보를 알지 못한 채 숙소에 도착했다면 concierge라고 쓰여 있는 곳을 찾아가서 물어보면 됩니다. concierge 직원이 관광객이 할 만한 활동이나 가 볼 만한 장소 등을 추천해 줄 거예요. 보통 이렇게 도움을 받고 나면 팁을 주는 게 예의이며, 액수는 숙소의 등급이나 지역에 따라 다르니 평균 어느 정도로 팁을 주는지 미리 알고 가면 좋습니다.

080 호텔 취소 시 환불 정책 물어보기

- **Is my reservation refundable?**
  예약 취소 시 환불 가능한가요?

- **What is your refund policy?**
- **What is the refund policy?**
  환불 정책이 어떻게 되나요?

- **What is your cancellation policy?**
- **What is the cancellation policy?**
  예약 취소 정책이 어떻게 되나요?

Teacher's Tips

▶ 파격 할인 상품의 경우 예약 취소 시 환불 불가non-refundable 옵션이 걸려 있을 때가 많은 편입니다. 내가 예약한 상품에 이런 옵션이 걸려 있지는 않은지 미리 확인해 두는 편이 좋습니다.

연습문제

1 A: _____
(반려동물과 함께 묵을 수 있나요?)

B: Unfortunately, pets are not permitted at the hotel except for service animals with proper credentials.
(죄송하지만 반려동물은 호텔 내 출입이 불가합니다. 단, 증빙 서류 지참 시 장애 고객 보조견은 예외로 출입이 가능합니다.)

2 A: _____
(환불 정책이 어떻게 되나요?)

B: You may cancel your reservation for no charge 1 day before arrival.
(도착 하루 전까지는 예약 취소하셔도 전액 환불 가능합니다.)

3 A: _____
(조식 시간은 몇 시부터 몇 시까지예요?)

B: Breakfast is served Monday through Friday from 6:00 a.m. to 9:00 a.m. ... Saturday and Sunday from 7:00 a.m. to 10:00 a.m.
(월요일부터 금요일까지 조식은 아침 6시부터 9시까지이며 주말은 아침 7시부터 10시까지입니다.)

정답

1. Are pets allowed in the room? 2. What is your refund policy? / What is the refund policy? 3. What time is breakfast? / When is breakfast?

공항에서 영어로 소통해야 할 때

무사히 외국에 도착해서 설레는 마음도 잠시, 입국 심사 때 영어로 질문받을 생각만 하면 절로 긴장된다는 사람, 아마 많을 거예요. 그럴 만도 한 것이, 주어진 질문에 대답을 제대로 하지 못하거나 대답을 아예 하지 못하면 공항 사무실로 끌려가 범죄자 취급을 받을 수도 있으니까요. 기쁜 마음으로 떠난 여행인데 초장부터 잠재적 범죄자 취급을 받고 싶은 사람은 아무도 없을 겁니다.

입국 심사를 무난하게 통과한 뒤에도 문제는 남아 있습니다. 공항에서 호텔까지 또는 렌터카 업체까지 어떻게 찾아가야 할지 막막합니다. 택시를 타고 주소를 보여 줘도 되지만 택시비가 얼마나 나올지도 모르고 택시 기사가 바가지를 씌우지 않을지도 걱정됩니다. 이럴 때 필요한 영어 표현들을 익혀 놓으면 긴급한 순간에 신속하게 대응할 수 있을 거예요.

입국 심사 예상 질문에 대비하기 (1)

- **Where are you coming from?**
  어디에서 오셨나요?

- **Where are you going today?**
  오늘 어디 방문 예정인가요?

- **What are you doing here in the U.S.?**
  미국 방문 목적이 뭔가요?

- **What is the purpose of your trip today?**
  방문 목적이 뭔가요?

Teacher's Tips

▶ 비영어권 국가에서는 여행객에게 복잡한 질문을 던지거나 지나치게 빠른 영어를 구사하거나 하는 일은 거의 없으니 조금 더 마음을 편히 먹어도 됩니다. 동행인 중에 영어 능통자가 있으면 함께 묶어서 입국 심사를 진행할 수도 있으니 미리 알아 두세요. 도저히 자신이 없다면 통역사를 요청할 수 있으나, 한영 통역사가 상시 대기하고 있는 공항이 아닐 경우에는 한참 기다려야 할 수 있습니다.

▶ 방문 목적을 묻는 질문에는 간단하고 짧게 대답하면 됩니다. 구구절절 설명할 필요 없이 "Business."(사업 차 왔습니다.), "Vacation."(휴가로 왔어요.), "A business conference."(비즈니스 콘퍼런스 때문에 왔습니다.) 정도로 대답해도 충분합니다.

입국 심사 예상 질문에 대비하기 (2)

- **How many days?**
  며칠 동안 머무를 예정인가요?

- **How long are you staying in the United States?**
- **How long will you be in the United States?**
  미국에 얼마나 체류할 예정인가요?

- **Where are you going to be staying?**
  어디에 묵으실 예정인가요?

- **Can you take your glasses off for a photo, please?**
  사진 촬영을 위해 안경 좀 벗어 주시겠어요?

Teacher's Tips

▶ 세관을 통과할 때에는 지나치게 긴장하지 말고 있는 그대로 침착하게 대답하면 별 문제가 생기지 않습니다. 하지만 머무를 곳을 정하지 않고 입국을 시도하거나 숙소 주소를 모르는 경우에는 공항 사무실로 끌려가서 추가 질문을 받을 수도 있어요. '네, 아니오'로 대답할 수 없는 질문들에 대비해서 미리 확실한 대답을 정리해 두는 편이 좋습니다.

▶ 짐 검사를 할 때 "Are you bringing money more than 1,000 dollars?"(현금을 1000달러 이상 가지고 오셨나요?), "Are you bringing any foods, vegetables or meats?"(음식이나 채소, 육류 등을 갖고 오셨나요?), "Do you have any foods, meats, vegetables, alcohol or tobacco?"(음식이나 육류, 채소류, 주류 또는 담배를 갖고 오셨나요?), "Do you have anything/any items to declare?"(신고할 물품 있나요?) 같은 질문을 받을 수 있습니다. 가급적 이런 품목은 휴대하지 않도록 조심하고, 이런 질문을 받으면 "No."(아니오.)라고 간단히 대답하면 됩니다.

083 공항에서 호텔 가는 법을 전화로 문의하기

- **Does the hotel have a shuttle?**
- **Is there a shuttle service?**
  호텔 셔틀버스 운행하나요?

- **Where can I catch the shuttle?**
- **Where can I get the shuttle?**
  셔틀버스는 어디에서 탈 수 있나요?

- **What time does it leave?**
  셔틀버스는 몇 시에 출발하나요?

- **What's the best way to get there?**
  호텔 가려면 어떤 방법이 가장 좋나요?

- **How much will a cab cost to go to the hotel?**
- **How much will it cost for me to take a cab to the hotel?**
  택시 타면 호텔까지 얼마나 나올까요?

- **Should I take an Uber?**
  우버를 이용하는 편이 더 나을까요?

Teacher's Tips

▶ 한국에 콜택시나 카카오 택시가 있다면 미국에는 우버가 있습니다. 우버를 호출하려면 계정이 필요한데요, 한번 만들어 두면 우버 서비스를 이용할 수 있는 여행지에서 유용하게 쓸 수 있습니다. 계정을 만들 때는 이메일, 전화번호, 운임료 지불 수단(신용카드 또는 직불카드)을 등록해야 하며 서비스 이용 후 등록한 카드로 운임료가 자동 청구되니 참고하세요.

공항에서 렌터카 셔틀버스 타는 곳 찾기

- **Where is the shuttle to the rental cars?**
- **Where can I get the shuttle to the rental cars?**
  렌터카 셔틀버스는 어디에서 탈 수 있나요?

- **Where is the (렌터카 회사 이름) shuttle pickup point?**
  렌터카 셔틀버스는 어디에서 탈 수 있나요?

- **Where is the pickup point?**
  렌터카 셔틀버스 어디에서 타요?

Teacher's Tips

▶ 렌터카 업체가 공항에 있는 경우도 있지만 공항에서 약간 떨어진 곳에 있는 경우도 있습니다. 후자의 경우, 렌터카 업체에서 예약자들을 실어 나르는 셔틀버스를 운영합니다. 따로 택시를 타고 가지 않아도 되니 참고하세요. 공항에 내리면 보통 car rental이라는 표지판이 있습니다. 이 표지판을 따라가면 렌터카 업체 셔틀버스 타는 곳을 찾을 수 있습니다. 셔틀버스에 타기 전에 내가 예약한 렌터카 업체가 맞는지도 꼭 확인하세요.

연습문제

1 A: _____
(미국 방문 목적이 어떻게 되세요?)

B: I'm coming for a business conference.
(비즈니스 콘퍼런스 참여 차 왔습니다.)

2 A: _____
(호텔 셔틀버스 운행하나요?)

B: Yes, the bus comes every hour. (네, 정시마다 한 대씩 운영합니다.)

3 A: _____
(며칠 동안 머무르시나요?)

B: Three days in Seattle and four more days in LA.
(시애틀에서 사흘, LA에서 나흘 머무를 예정입니다.)

4 A: _____
(렌터카 셔틀버스는 어디에서 타요?)

B: The pickup area is located outside baggage claim at the
north and south ends of the main terminal.
(메인 터미널 남쪽과 북쪽 끝에 있는 수하물 수취장 바깥쪽으로 나가면 셔틀버스 타는
곳이 나옵니다.)

정답

1. What are you doing here in the U.S.? / What is the purpose of your trip today? 2. Does
the hotel have a shuttle? 3. How many days? / How long will you be in the United States?
4. Where is the pickup point? / Where is the shuttle to the rental cars? / Where can I get
the shuttle to the rental cars?

현지에서 각종 서비스를 예약하거나 구매하고 싶을 때

여행은 즐겁지만 꽤 손이 많이 가는 과정이기도 합니다. 여행사에서 만들어 놓은 패키지 상품을 이용한다면 좀 더 편할 수 있겠지만, 요즘에는 자유 여행을 선호하는 사람들도 많고 패키지 여행이라고 해도 아예 손을 놓기는 힘들죠. 직접 예약해야 하는 서비스가 있을 수도 있고 일정이 틀어져서 예약을 변경하거나 취소하거나 새로 해야 할 일이 벌어질 수도 있어요. 이럴 때 현지에서 당황하지 않고 원하는 서비스를 직접 예약하거나 구매할 수 있도록 다음에 나오는 표현들을 익혀 둡시다.

공항에서 급히 항공권 구하기

- **Do you have any tickets to New York?**
- **Are there any flights to New York?**
  뉴욕행 티켓 있나요?

- **Are there any flights to New York flying out today?**
  오늘 출발하는 뉴욕행 티켓 있나요?

- **Are there any seats available on flights to New York?**
  뉴욕행 티켓 남은 것 있나요?

- **What's the earliest available flight to New York?**
- **What's the next flight out to New York?**
  가장 빠른 뉴욕 편 비행기가 뭔가요?

- **Can you put me on the next flight to New York?**
  다음 뉴욕행 비행기 탈 수 있나요?

영어 편

친절한 편

여행 편

Teacher's Tips

▶ 기상 조건 악화, 비행기의 기계적 문제, 수하물 문제 등 다양한 문제로 비행이 연기되거나 취소되는 경우가 있죠. 또 여권을 두고 왔다든지 하는 문제로 비행기를 놓치는 일도 드물지만 발생합니다. 이렇게 난감한 상황이 벌어졌다면 위에 나오는 표현들을 활용해 필요한 항공권을 구해 봅시다.

에어비앤비 호스트와 가격 협상하기

- **Can you come down on your price?**
- **Is there anyway you could give me a better price?**

  조금 깎아 주실 수 없나요?

- **Since I'm staying a couple nights, can you give me a small discount?**

  제가 며칠 묵을 예정인데요, 조금 깎아 주실 수 없나요?

Teacher's Tips

▶ 개인 사업자가 운영하는 에어비앤비는 취소 및 환불 정책 등이 천차만별입니다. 특히 cancellation flexibility(예약 취소 시 100퍼센트 환불 정책이 얼마나 적용되는가)가 중요합니다. 이와 관련한 표현을 미리 익혀 두면 예약 시 도움이 됩니다. 다음 환불 정책 예시문을 참고하세요. "Free cancellation for 48 hours. After that, cancel up to 5 days before check-in and get a full refund, minus the service fee. Cancel before 12:00 p.m. on May 26 and get a 50% refund of the total nightly rate, plus a full refund of the service fee."(예약 후 48시간 내 취소 시 전액 환불. 예약 후 48시간 이후~체크인 닷새 전 취소 시 서비스 비용을 제외한 비용 전액 환불. 5월 26일 낮 12시까지 취소 시 전체 숙박 비용의 50퍼센트 환불, 서비스 비용은 전액 환불.)

087 호텔 프런트에서 방이 있는지 알아보기

- **Do you have a room for one?**
  한 사람 묵을 객실 있나요?

- **Do you have a double room?**
  더블 룸 있나요?

- **I'm planning to stay for . . . nights.**
  …박 하려고 합니다.

Teacher's Tips

▶ 비행이 취소되거나 일정이 꼬여서 갑작스럽게 현지 호텔을 찾아봐야 할 때 쓸 수 있는 표현들입니다. 따로 예약하지 않았다면 호텔 프런트 직원이 "How long will you be staying?"(얼마나 오래 묵고 싶으세요?)이라고 물어볼 거예요. 이때 "I'm planning to stay for . . . nights."라는 표현을 활용하면 됩니다. 예를 들어 이틀 묵을 거라면 "I'm planning to stay for two nights."라고 하면 됩니다.

호텔 예약을
변경하거나 취소하기

- **I need to change the date(s).**
  예약 날짜를 변경하고 싶은데요.

- **Can I cancel the reservation?**
  예약 취소 가능할까요?

- **Can I reschedule?**
- **Can I reschedule it?**
  예약 날짜 변경 가능한가요?

- **I need to change my reservation.**
  예약 변경을 요청하고 싶습니다.

- **I need to cancel this reservation on . . .**
  …일 예약을 취소해야 할 것 같아요.

- **I need to cancel the entire reservation.**
  예약을 전체 취소해야 할 것 같아요.

Teacher's Tips

▶ 비행 편이 지연되거나 결항되어 급히 호텔 예약을 변경하거나 취소해야 하는 상황
에서 활용할 수 있는 표현입니다.

▶ 여러 날짜에 걸친 예약을 전부 취소하고 싶은 상황이라면 cancel the entire
reservation이라고 정확히 언급해 줘야 의사소통에 혼란이 없습니다.

현장에서 공연이나 전시 티켓 구매하기

- **Are there any tickets left?**
- **Do you have any seats left?**
- **Are there any tickets available?**
  남은 티켓 있나요?

- **Are tickets available for . . . at 5 p.m.?**
- **Can I get tickets for . . . at 5 p.m.?**
  오후 5시 … 티켓 남아 있나요?

- **I'd like to make a reservation for this performance.**
  이 공연 예약하고 싶은데요.

- **Are there any discount tickets available?**
  혹시 할인 티켓 있나요?

Teacher's Tips

▶ 공연이 매진되지 않았을 때 공연 시간을 얼마 남기지 않은 상황에서 할인 티켓을 판매하는 경우가 종종 있습니다. 운 좋게 저렴한 가격으로 좋은 공연을 즐길 수 있는 기회이니 "Are there any discount tickets available?"이라는 표현도 꼭 알아 뒀다가 활용해 봅시다.

마사지나 액티비티 등을 예약하기

- **I want to make a reservation for . . .**

  … 예약을 하고 싶은데요.

- **Can I make a reservation for my friend and me at 10 a.m.?**

  오전 10시에 제 친구와 저, 두 사람 예약을 하고 싶은데요.

- **Can I make a massage reservation for three at 3 p.m.?**

  오후 3시에 세 명 마사지 예약할 수 있을까요?

Teacher's Tips

▶ 국가나 문화권에 따라 관광업계 성수기가 조금씩 다릅니다. 예를 들어 한국과 달리 미국에서는 크리스마스를 중심으로 연말연시 휴가를 즐기는 사람들이 많아서 이 기간에는 호텔 마사지나 액티비티 예약이 꽉 차 있는 경우도 있어요. 만일 꼭 즐기고 싶은 서비스나 액티비티가 있다면 최소 출발 몇 달 전에 예약을 확정해 두는 편이 안전하니, 위에 나오는 표현들을 활용해 보세요.

연습문제

1 A: _____

the dolphin watching package.
(돌고래 체험 패키지 예약을 하고 싶은데요.)

B: Do you have a preferred date and time?
(선호하시는 날짜와 시간 있나요?)

2 A: _____
(오후 2시 두 명 마사지 예약 가능할까요?)

B: I'm sorry, but we're all booked up today.
(죄송한데요, 오늘은 예약이 꽉 찼습니다.)

3 A: _____
(이 공연 예약하고 싶은데요.)

B: Sorry, we're sold out. (죄송해요, 매진입니다.)

4 A: _____
(예약을 전체 취소해야 할 것 같아요.)

B: You cannot get full refunds. Is that okay with you?
(전액 환불이 불가능한데 괜찮으세요?)

정답

1. I want to make a reservation for 2. Can I make a massage reservation for two at 2 p.m.? 3. I'd like to make a reservation for this performance. 4. I need to cancel the entire reservation.

렌터카 서비스를 이용할 때

해외 배낭 여행기를 담은 예능 프로그램 〈꽃보다 청춘〉 시리즈에서 렌터카를 구하며 우왕좌왕하는 광경을 본 기억이 있습니다. 렌터카를 이용해야 할 때야말로 의외로 영어가 꼭 필요한 순간입니다. 하와이처럼 외국인 관광객이 자주 찾는 지역이라면 렌터카 업체도 천천히, 여러 번 영어로 설명을 해 주는 편입니다. 하지만 비관광지에서는 외국인이라고 특별히 천천히 말을 해 준다거나 여러 번 설명해 준다거나 하지 않습니다. 아무 생각 없이 차를 빌리러 갔다가 당황하는 일이 없도록, 기본적인 영어 표현을 익혀 뒀다가 현지에서 활용해 봅시다.

참고로 해외에서 운전을 하려면 국제 운전면허증International Driving Permit, IDP이 꼭 필요합니다. 국제 운전면허증은 전국 운전 면허 시험장이나 경찰서에서 발급받을 수 있는데 신청 시 여권과 국내 운전면허증, 여섯 달 이내에 촬영한 여권용 사진 한 장이 있어야 합니다. 그리고 국제 운전면허증은 1년마다 새로 발급받아야 한다는 사실을 꼭 기억하세요! 또 해외에서 차를 빌릴 때는 국내 운전면허증도 꼭 함께 갖고 있어야 하니 참고하세요.

- **Last name?**
  예약자 성姓이 어떻게 되나요?

- **Driver's license, please?**
  운전면허증 주시겠어요?

- **Your original license, please?**
  한국 운전면허증 주시겠어요?

- **How many days?**
  며칠 빌리실 거죠?

- **Write down your address, telephone, and email.**
  주소와 전화번호, 이메일 적어 주세요.

Teacher's Tips

▶ your first name은 한국으로 치면 이름, your last name은 성姓에 해당합니다. last name은 surname이라고 할 수도 있으니 잘 숙지해 뒀다가 이름을 물어봤을 때 당황하는 일이 없도록 합시다.

▶ 면허증 등을 렌터카 업체 직원에게 건넬 때에는 "Here you are.", "Here you go.", "There you go."(여기 있습니다.)라고 말하면 됩니다.

092

현지에서 렌터카 알아보기

- **Can I rent a car without a reservation?**
  혹시 예약 없이 차를 빌릴 수 있나요?

- **What are walk-up rates?**
  예약 없이 차를 빌리면 가격이 어떻게 돼요?

- **Is there a difference in fees for walk-up deals and online booking customers?**
  예약을 하지 않은 경우와 온라인으로 예약을 한 경우에 가격 차이가 있나요?

- **No, I didn't book in advance.**
  아뇨, 예약은 따로 안 했습니다.

- **I do have my international driving permit and my original driver's license.**
  국제 운전면허증이랑 한국 운전면허증은 가지고 있어요.

Teacher's Tips

▶ 렌터카 예약을 해 두지 않았는데 대중교통이 불편해서 급히 차를 빌릴 일이 생길 수 있습니다. 해외에서 차를 빌릴 때는 국제 운전면허증과 한국 운전면허증 외에 본인 명의 신용카드가 필요합니다. 호텔처럼 처음에 보증금을 함께 청구했다가 차를 반납할 때 환급해 주는 방식으로 결제가 이뤄지므로, 신용카드 한도가 넉넉한지 꼭 미리 확인하세요.

093 렌터카 계약 내용 확인 절차에 대비하기

- **You got the booster seat.**
- **You got the baby seat.**
  (유아용) 카시트 포함돼 있습니다.

- **You got the navigation.**
  GPS 포함돼 있습니다.

- **You got the liability.**
  배상 책임 보험에 가입되어 있습니다.

- **You got the loss and damage waiver.**
  차량 분실 및 파손 보험에 가입되어 있습니다.

- **You got the roadside help.**
  긴급 출동 보험에 가입되어 있습니다.

Teacher's Tips

▶ 자동차를 아무 곳에나 세우면 안 되는 위험한 관광지가 더러 있습니다. 차량 내 귀중품을 도둑맞을 수도 있고 극단적인 경우에는 차량 자체를 훔쳐 갈 수도 있어요. 이렇게 차량 도난이나 파손이 발생했을 때 렌터카 사용자는 최소한의 비용만 부담하고 나머지는 보험사가 부담한다는 내용의 보험 계약을 the loss and damage waiver라고 합니다.

▶ the roadside help는 타이어가 터지거나 운행 중 자동차가 고장 나서 도움을 요청했을 때 출장이나 수리 비용 부담을 줄여 주는 보험입니다. 단기 차량 대여 시에는 굳이 가입을 하지 않아도 무방합니다.

094 기름값 지불 안내에 대비하기

- ## Do you want to pre-pay for the gas?
  기름값은 미리 지불하실 건가요?

- ## The tank is full now.
  지금 기름이 꽉 차 있습니다.

- ## You don't have to refill it.
  기름을 채우지 않고 반납하시면 됩니다.

- ## You can return the car with an empty tank.
  연료 통이 빈 채로 차를 반납하시면 됩니다.

- ## You have to refill it before returning the car.
  자동차를 반납하기 전에 기름을 다시 채워서 오셔야 합니다.

Teacher's Tips

▶ 기름값 관련한 안내를 미처 받지 못해서 물어보고 싶다면 "What about the fuel?"(기름값은 어떻게 지불하나요?)라고 물어보세요. 그러면 위에 나온 표현들을 활용한 대답을 들을 수 있을 겁니다.

▶ 사용 후 렌터카 회사가 기름을 채우는 옵션과 내가 직접 기름을 채워서 반납하는 옵션이 있을 수 있습니다. 여행지에서 머무르는 기간이나 예상 이동 거리에 따라 기름값을 어떻게 지불하는 편이 가장 합리적인지 고려해 보고 결정해야 합니다. 미리 기름값을 지불하면 주유소를 들르지 않아도 돼서 편리하지만, 기름을 거의 쓰지 않고 차를 반납해도 미리 낸 기름값을 환불해 주지는 않기 때문에 득실을 잘 따져 봅시다.

연습문제

1 A: _____
(운전면허증 주시겠어요?)

B: Here you are. (여기 있습니다.)

2 A: _____
(주소와 전화번호, 이메일 적어 주세요.)

B: My Korean home address? (한국 집 주소 말씀하시는 건가요?)

3 A: _____
(기름값은 미리 지불하실 건가요?)

B: Yes. (네.)

4 A: Do you have a reservation? (예약하셨나요?)

B: _____
(아뇨, 예약은 따로 안 했습니다.)

5 A: _____
(긴급 출동 보험에 가입되어 있습니다.)

B: Actually, can you take that off? I don't think I'm going to need that.
(죄송한데, 그 옵션은 뺄 수 있을까요? 별로 필요가 없을 것 같아서요.)

정답

1. Driver's license, please? 2. Write down your address, telephone, and email. 3. Do you want to pre-pay for the gas? 4. No, I didn't book in advance. 5. You got the roadside help.

호텔에서 이런저런 서비스를 요청할 때

호텔에 도착해서 진행하는 체크인과 체크아웃, 늘 똑같은 대화가 오가는 과정이지만 외국 호텔을 매일같이 방문하는 게 아니다 보니 매번 어떻게 말해야 할지 헷갈립니다. 부족한 영어 실력 때문에 필요한 서비스를 제대로 요청하지 못하는 경우도 있고, 불편 사항이 있는데도 문제를 해결해 달라고 요구하지 못하는 경우도 있습니다. 이럴 때 필요한 영어만 제대로 알아 뒀더라면 호텔 서비스를 만끽할 수 있었을 텐데 하고 후회하지 말고, 필수 영어 표현들을 숙지해 둡시다.

095

체크인 절차에 대비하기

- **May I see your ID, please?**
- **May I have your ID, please?**
  신분증 좀 볼 수 있을까요?

- **I see you have a reservation with us from August 8th to August 10th.**
  8월 8일부터 8일 10일까지 저희 호텔을 예약해 주셨네요.

- **We need to have your credit card on file.**
  등록해 두실 신용카드 주실 수 있을까요?

- **I'll need your ID and your credit card.**
  신분증과 신용카드 주시겠어요?

- **The credit card will be placed on file.**
  이 카드로 등록 도와드릴게요.

- **I'll also need to have your credit card on file.**
  등록해 두실 신용카드 부탁드립니다.

- **Should you purchase any services, they will be billed to your credit card.**
  투숙하시는 동안 서비스를 이용하시면 이 카드로 청구됩니다.

Teacher's Tips

▶ "Should you purchase any services"는 '만약에 서비스를 구매하신다면'이라는 뜻으로, "If you purchase any services"보다 좀 더 듣기 편하고 친절한 말투입니다.

096 객실 청소 부탁하기

- **Is housekeeping available to clean up my room a little bit?**

  객실 청소 좀 부탁드려도 될까요?

- **Sorry, I'm wondering my room was cleaned before I arrived.**

  죄송한데요, 제가 입실하기 전에 객실 청소가 제대로 된 건지 한 번만 확인해 주실래요?

- **Could you send someone up to Room 1401 for freshening up?**

  1401호로 청소해 주실 분을 보내 주실 수 있나요?

Teacher's Tips

▶ '일부 숙박 시설에서는 객실 내 청결도가 만족스럽지 않을 수 있습니다. 이럴 때는 위에 나온 표현들을 활용해 청소를 해 달라고 요청해 보세요. 이틀 이상 같은 숙소에 묵을 경우에는 청소해 주시는 분을 위해 약간의 팁을 침대나 테이블 위에 올려 두는 편이 좋으니 참고하세요.

▶ 룸서비스나 기타 서비스를 요청할 때 방 번호를 말해야 하는데 자릿수에 따라서 방 번호가 세 자릿수이면 한 자리씩 읽고(예: Room 303=Room three oh three), 네 자릿수이면 두 자리씩 읽습니다.(예: Room 1401=Room fourteen oh one, Room 1421=Room fourteen twenty-one)

097 호텔 데스크에 서비스 요청하기

- **Could I get some fresh towels?**
  객실로 새 수건을 갖다주실 수 있을까요?

- **Could I get a fresh bathrobe?**
  객실로 새 가운을 갖다주실 수 있을까요?

- **Could I order room service?**
- **Could I order food for room service?**
  룸서비스 가능한가요?

- **I think it's clogged.**
- **The water is not draining.**
  배수구가 막힌 것 같아요. / 물이 안 내려가요.

- **(It) looks like the toilet is blocked.**
- **I think I have blocked the toilet.**
- **I'm sorry but I think I have clogged the toilet.**
  (죄송한데요.) 화장실 변기가 막힌 것 같아요.

Teacher's Tips

▶ 미국에서는 toilet이 '변기'라는 뜻입니다. 미국, 캐나다 등 북미권에서는 화장실을 가리킬 때 restroom, men's room, ladies' room, bathroom이라는 표현을 씁니다. 반면 영국에서는 toilet을 '화장실'이라는 뜻으로 사용합니다.

흡연 관련해서 문의하기

- **Is it a non-smoking room?**
  이 방은 금연인가요?

- **Is smoking allowed?**
- **Can I smoke in the room?**
  객실 내 흡연이 가능한가요?

- **Where can I smoke?**
  흡연 가능한 곳이 어디죠?

- **Can I vape in the room?**
  객실 내 전자담배 흡연이 가능한가요?

Teacher's Tips

▶ 위의 표현들을 활용해 질문했을 때 들을 수 있는 대답에 대해서 간단히 알려 드릴 게요. "All rooms are 100% smoke-free."(객실 모든 곳이 금연입니다.), "We have 100% smoke-free policies."(저희 호텔은 전부 금연입니다.), "Smoking is not allowed anywhere in the hotel premises."(호텔 내 모든 곳이 금연 구역입니다.), "We have designated smoking areas outside the hotel."(호텔 밖에 지정 흡연 구역이 있습니다.), "Vaping is not permitted in our hotel."(저희 호텔에서는 전자 담배 흡연이 불가능합니다.)

▶ 영어권 국가에서도 식당이나 호텔 등 공공장소는 대부분 금연입니다. 만일 금연 객실에서 담배를 피울 경우 벌금이 30만 원 정도 부과될 수 있습니다. 전자 담배에 대한 별도 정책이 없는 숙박 시설도 있지만 전자 담배를 피워도 화재경보기가 울릴 수 있으니 주의합시다.

099 와이파이 비밀번호 물어보기

- **Which network is the right one?**
  어떤 와이파이를 쓸 수 있나요?

- **Do I need a password?**
  와이파이 비밀번호가 설정되어 있나요?

- **What's the password?**
- **Can I get the password?**
  와이파이 비밀번호를 알 수 있을까요?

- **Do you charge for WiFi?**
  와이파이 사용이 유료인가요?

- **What's the rate?**
  이용료가 얼마입니까?

- **What's the hourly/daily rate?**
  시간당/일일 이용료가 얼마입니까?

Teacher's Tips

▶ 요즘은 대부분의 숙박 시설에서 무료 와이파이를 제공하지만 경우에 따라 무료가
아닌 경우도 있습니다. 혹시 모를 경우를 대비해 와이파이가 유료인지 확인해 두면
좋습니다.

100 인터넷이 느리다고 항의하기

- **The internet connection is slow.**
  인터넷이 좀 느리네요.

- **The internet connection is unstable.**
- **The Internet connection is spotty.**
  인터넷 연결이 불안정합니다.

Teacher's Tips

▶ 숙소에서 제공하는 인터넷이 불안정하다면 위의 표현들을 활용해서 문의해 봅시다. 다만 한국과 달리 미국이나 유럽은 인터넷이 느린 곳도 많고 인터넷 비용을 따로 청구하는 숙소도 있습니다. 숙소 인터넷이 유료라면 로밍 요금이나 유심칩 이용료를 두루 비교하여 좀 더 현명한 소비를 하기를 추천합니다.

연습문제

1 A: _____
(와이파이 사용 유료인가요?)

B: No, sir. It's free of charge. (아뇨, 손님. 와이파이는 무료입니다.)

2 A: _____
(객실 내 흡연이 가능한가요?)

B: Smoking is banned in all rooms. (모든 객실 내 금연입니다.)

3 A: _____
(객실로 새 가운을 갖다주실 수 있을까요?)

B: Sure. I'll send someone up right away.
(그럼요. 바로 사람을 보내 드릴게요.)

4 A: _____
(등록해 두실 신용카드 부탁드립니다.)

B: There you go. (여기 있습니다.)

5 A: _____
(인터넷 연결이 불안정한데요.)

B: We're sending someone up right now.
(봐 주실 분 바로 보내 드리겠습니다.)

정답

1. Do you charge for WiFi? 2. Is smoking allowed? 3. Could I get a fresh bathrobe? 4. We need to have your credit card on file. / I'll also need to have your credit card on file. 5. The internet connection is unstable. / The Internet connection is spotty.

식사하러 음식점에 갔을 때

여행을 가도 매일 삼시 세끼는 꼬박꼬박 먹습니다. 그뿐인가
요? 온갖 맛집을 찾아다니며 간식까지 챙기죠. 사실 현지에서
음식 주문을 할 때 메뉴만 손가락으로 짚어서 보여 줘도 충분
하긴 합니다. 하지만 알레르기가 있다거나 채식주의자라거나
하는 이유로 특별히 뭔가를 요청해야 할 때, 방문한 식당에서
음식 추천을 받고 싶을 때에는 영어로 대화를 해야 합니다. 또
한 영어권 국가에는 대부분 팁 문화가 있기 때문에 관련한 영
어 표현도 알아 두면 좋습니다.

101 음식 주문하기

- **I'd like to have . . .**
  저는 …로 할게요.

- **Can I get a hamburger and fries?**
  햄버거랑 감자튀김 주세요.

- **What do you recommend?**
  뭐가 맛있어요?

- **Can I have my dressing on the side?**
  드레싱은 따로 주실래요?

- **Do you have any vegetarian options?**
  채식 메뉴도 있나요?

- **No . . ., please.**
- **Hold . . . please.**
- **Leave off . . . please.**
  …는 넣지 마세요.

여행 편

Teacher's Tips

▶ vegetarian(베지테리언)과 vegan(비건)은 다릅니다. 비건은 유제품을 포함한 모든 육류를 먹지 않고, 베지테리언은 육류는 먹지 않지만 달걀이나 치즈 등의 유제품은 먹습니다.

▶ 외국 패스트푸드 체인에도 세트 메뉴가 있지만 '세트'는 콩글리시입니다. 영어로는 a meal이라고 합니다. '세트로 주세요.'라는 말을 하고 싶다면 "Please make it a meal."이라고 하면 됩니다.

팁 문화 관련해서 문의하기

- **What's a good tip?**
  보통 팁을 얼마나 주면 잘 주는 건가요?

- **What is the usual tipping rate?**
- **Could you give me an idea of how much people normally tip?**
  보통 팁을 얼마나 주나요?

- **I'm sorry. I'm new in America. And I'm not used to the tipping culture yet.**
  죄송해요. 제가 미국은 처음이라 팁 문화에 익숙하지가 않아요.

Teacher's Tips

▶ 제공받은 서비스가 마음에 들었을 때 어느 정도로 팁을 주는지 알고 싶다면 "What's a good tip?"이라고 물어보면 됩니다. 일반적인 팁은 지불 금액의 15~20퍼센트 정도이고 물가가 비싼 관광지에서는 25퍼센트 정도를 주면 괜찮게 주는 편에 속합니다.

연습문제

1 A: _____

(보통 팁을 얼마나 주면 잘 주는 건가요?)

B: A 20 percent tip is usually considered a good tip.

(20퍼센트 정도면 보통 잘 주는 거라고 봅니다.)

2 A: _____

(채식 메뉴도 있어요?)

B: We have some vegan menu items. (비건 메뉴가 몇 가지 있어요.)

3 A: _____

(양파는 넣지 마세요.)

B: Okay. (알겠습니다.)

4 A: _____

(저는 햄버거로 할게요.)

B: Do you want to make it a meal? (세트로 시키실 건가요?)

5 A: _____

(뭐가 맛있어요?)

B: What do you like? Meat, fish, vegetarian?

(어떤 걸 좋아하시나요? 고기류, 생선류, 아니면 베지테리언 음식도 있어요.)

정답

1. What's a good tip? 2. Do you have any vegetarian options? 3. No onions, please. / Hold the onions please. / Leave off the onions please. 4. I'd like to have a hamburger. 5. What do you recommend?

술 한잔하러 갔을 때

해외에서 가벼운 술을 곁들이는 것도 여행의 묘미죠. 한국에서 접할 수 없는 술도 마셔 볼 수 있고 새로운 음주 문화를 경험할 수도 있으니 이색 경험이 될 겁니다. 하지만 한국과는 다른 음주 문화 때문에 당황할 수도 있습니다. 술을 주문하는 방식, 술 마시며 노는 방식, 주취자를 대하는 술집의 태도까지, 한국과 다른 점이 꽤 많아요. 로마에 가면 로마법을 따르라는 말이 있듯이 영어권 국가에서는 그 나라의 음주 문화를 따르는 편이 좋겠죠? 몇 가지 사실만 미리 알아 두어도 즐겁게 술자리를 즐기는 데 도움이 되니 영어 표현과 함께 음주 문화도 알아봅시다.

103 술집에서 주문하기

- **I'd like . . .**
- **I'll have . . .**
- **I'll take . . .**
- **Please get me . . .**
  … 하나 주세요.

- **He's/She's having . . .**
  (동행인의 술을 대신 시켜 주면서 하는 말) 이분한테 … 하나 주세요.

- **I'll have what he's/she's having.**
  저 사람이 마시는 걸로 하나 주세요.

Teacher's Tips

▶ 여기에서 알려 드린 표현은 술을 시킬 때만 쓸 수 있는 것이 아니라 음식을 주문할 때도 쓸 수 있어요. 일단 암기해 놓으면 다양한 맥락에서 사용할 수 있으니 자꾸 소리 내어 읽어 보고 외워서 사용해 봅시다.

계산하는 방식 선택하기

- **I'd like to pay as I go.**
  시킬 때마다 계산할게요.

- **Can I open a tab?**
  탭 하나 열어 주실래요?

- **Could we keep our tabs separate?**
  저희 탭 따로따로 열어 주실 수 있을까요?

- **Can you put it on my/the tab?**
  제 탭에 달아 주시겠어요?

- **I'd like to close out my tab.**
  이제 탭 닫고 계산할게요.

Teacher's Tips

▶ 한국에서는 보통 특정 테이블의 계산서를 만들어 두었다가 나갈 때 한꺼번에 술값을 지불합니다. 반면 영어권 국가에서는 술을 한 잔 시킬 때마다 돈을 내야 합니다. 한두 잔이라면 괜찮지만 계속 술을 시킨다면 귀찮을 수 있죠. 그래서 손님이 술을 여러 잔 시킬 경우 탭(개인이나 단체 손님이 주문한 내역을 기록으로 남겨 놓았다가 나중에 한꺼번에 지불하는 방식)을 열어 둡니다. 탭을 여는 경우에는 바텐더에게 신용카드를 맡겨야 하니 참고하세요.

술을 사고 싶다고 제안하기

- **Can I buy you a drink?**
  술 한 잔 사도 될까요?

- **Can you get that gentleman/lady over there . . .?**
  It's on me.
  저기 계신 남자/여자 분에게 … 한 잔 주시겠어요? 제가 계산할게요.

- **Can I buy you your next round?**
  다음 잔 제가 사도 될까요?

- **I got the next round.**
- **The next round is on me.**
  다음 잔은 제가 살게요.

Teacher's Tips

▶ pay as you go 방식, 즉 술을 시킬 때마다 돈을 내는 방식을 골랐다면 바에 다녀올 때마다 돈을 내야 합니다. 이렇게 바에 한 번 다녀오는 것을 one round(한 라운드) 라고 해요. 서로 번갈아 가며 한 라운드씩 돈을 내기도 하니 알아 둡시다.

▶ The next round는 '다음 번 바에 술을 사러 갈 때'를 의미하기도 하고 문맥에 따라 '2차'라는 뜻이 되기도 해요. 예를 들어서 탭을 열어 놓고 한 사람이 우리 테이블 술 값을 다 냈다고 했을 때 "The next round is on me."라고 하면 1차를 얻어먹었 으니 2차는 내가 내겠다는 말이 됩니다.

과음했다고 이야기하기

- **Hey, you're drunk.**
  야, 너 취했어.

- **I think you've had enough.**
  많이 취하셨어요.

- **Come on, you're drunk. So let's go.**
  야, 너 취했어. 이만 가자.

- **Don't you think you've had enough?**
  벌써 많이 드셨어요.

- **I think you're done for the night.**
- **I think this is your last one.**
  오늘은 그만 마셔요.

- **I was totally drunk/wasted/hammered.**
  완전히 취했어요.

Teacher's Tips

▶ 영어권 국가 술집에서 과음한 사람에게 술을 파는 행위는 불법이며 위반 시 상당한 벌금이 부과될 수 있습니다. 이에 따라 바텐더가 재량에 따라 주류 판매를 거부하기도 하고 술 취한 사람에게 이만 나가 달라고 요구하기도 합니다. "I'm not going to be able to serve you any more alcohol tonight."(죄송하지만 손님, 더 이상 술을 드릴 수 없습니다.), "I'll have to ask you to leave."(바에서 나가 주셔야 하겠습니다.) 같은 말을 들으면 쓸데없이 버티지 말고 숙소로 돌아가서 쉽시다.

연습문제

1   A: _____
      (많이 취하셨어요.)

    B: Come on! Don't be lame! (마시긴 뭘 마셨다고 그래요!)

2   A: Do you even remember what happened last night?
      (어젯밤 기억은 나세요?)

    B: No, _____
      (아뇨, 완전히 취했었어요.)

3   A: _____ a gin, please.
      (진 하나 주세요.)

    B: Enjoy. (여기 있습니다.)

4   A: I got this round, okay? (이번 건 제가 살게요.)

    B: _____
      (다음 술은 제가 살게요.)

정답

1. I think you've had enough. 2. I was totally drunk/wasted/hammered. 3. I'd like/I'll have/
I'll take/Please get me 4. I got the next round. / The next round is on me.

쇼핑하러 갔을 때

여행을 하다 보면 크고 작은 소비를 하게 됩니다. 비상약이나 생활용품이 갑자기 필요해져서 편의점이나 마트에 들르기도 하고, 백화점에서 쇼핑을 하거나 지인의 선물을 사기도 합니다. 그런데 편의점이나 마트에서 계산을 하려고 하는데 계산대에서 말을 못 알아들어서 여러 번 되묻는 상황이 발생한다면, 직원이 짜증을 낼 수도 있고 뒤에서 기다리는 손님들의 눈총이 따갑게 느껴질 수도 있습니다. 그 밖에도 물건을 샀는데 교환이나 환불이 필요하다거나, 구매를 강요하는 부담스러운 직원을 떼어 놓아야 할 필요가 있다거나, 상점에서도 영어가 필요한 순간들이 많습니다. 여행지에서 쇼핑하러 갔을 때 쓸 수 있는 표현들을 알아봅시다.

107 그냥 둘러보는 중이라고 이야기하기

- **I'm just browsing.**
- **I'm just looking.**

  그냥 둘러보는 중이에요.

- **I'll come back.**

  좀 더 보고 올게요.

- **I'll think about it.**

  생각 좀 해 볼게요.

- **Let me browse a little more.**
- **I'm going to take a look around first.**

  좀 더 둘러보고 올게요.

Teacher's Tips

▶ 그냥 물건을 둘러보고 있는데 끈질기게 달라붙는 장사꾼 때문에 곤혹스러웠던 경험, 다들 있으시죠? 그럴 때는 초장에 단호하게 의사를 밝히는 것이 중요합니다. 위에 나오는 표현들을 숙지해 두었다가 여행지에서 꼭 활용해 보세요.

물건 값 계산하기

- **Where can I check these out?**
  이거 어디에서 계산해야 해요?

- **Where is the checkout?**
  혹시 계산대가 어디에 있나요?

- **Can you ring me up?**
  이거 계산 좀 해 주실 수 있어요?

- **Can I check out?**
  계산 좀 해 주실래요?

- **Here you are.**
  (돈을 건네며) 여기요.

Teacher's Tips

▶ 사려는 물건을 들고 계산대에 가면 직원이 "Your total is . . ."(다 해서 …입니다.)라고
말할 거예요. 예를 들어 "Your total is 43 dollars."라고 하면 '다 해서 43달러입니
다.'라는 뜻이에요. 간단하게 "That's 43 dollars.", "43 dollars."라고 말할 수도 있
습니다. 센트 단위까지 있을 경우 "Your total is 43.25."라고 하는데요, 이때 점은
period처럼 따로 읽지 않고 소수점 뒤 숫자는 twenty-five처럼 묶어서 읽습니다.
그럼 "Your total is forty-three twenty-five."가 되겠죠?

109 바가지에 대응하기

- **I think it's a bit steep.**
- **I think it's a bit pricey.**
  좀 비싼데요.

- **Can you come down a little bit?**
  좀 깎아 주시면 안 돼요?

- **Are you trying to rip me off?**
  지금 바가지 씌우시는 거예요?

Teacher's Tips

▶ 여행지에서 유명인 코스프레를 한 사람과 사진을 찍었다가 돈을 낸 경험, 난데없이 고급 카메라로 사진을 찍어 주고는 돈을 달라고 강요하는 사람을 만난 경험, 한 번쯤 있을 거예요. 이럴 때는 애초에 '괜찮습니다.'라는 의미인 "No thanks.", "I'm good." 같은 표현을 활용해 거절하면 됩니다.

110

교환이나 환불 요청하기

- **I'd like to return this/them.**
- **I'd like to take this/them back.**
  이거 환불하고 싶어요.

- **I want a refund.**
  (화난 말투) 이거 환불해 주세요.

- **I'd like a refund on . . .**
  …을 환불 처리하고 싶어요.

- **They're too big.**
  너무 커요.

- **I want to exchange them for a smaller size.**
  더 작은 사이즈로 교환하고 싶어요.

- **They don't fit very well.**
  잘 안 맞아요.

Teacher's Tips

▶ 교환이나 환불을 요청하러 가면 직원이 "Can I see your receipt?", "Did you keep the receipt?"라고 물으며 영수증을 보여 달라고 할 거예요. "Do you have that card on you?"(결제한 카드 갖고 계세요?)라고 할 수도 있는데 이때 have . . . on me는 단순히 그 물건을 소유하고 있다는 뜻이 아니라 지금 그 물건을 내가 가지고 있다는 뜻입니다. 예를 들어 "I don't have it on me right now."라고 하면 (그 물건을 소유하고 있긴 하지만 지금은 가지고 있지 않을 때) '지금은 없는데요.'라는 의미가 됩니다.

연습문제

1 A: How may I help you? (어떤 거 보세요?)

B: _____
(그냥 둘러보는 중이에요.)

2 A: That's 530 dollars. (530달러예요.)

B: _____
(좀 비싼데요.)

3 A: _____
(좀 깎아 주시면 안 돼요?)

B: No, this is the lowest I can go. (아뇨, 이 이상은 못 깎아 드려요.)

4 A: Can I ask why you want to return them?
(환불 사유를 알 수 있을까요?)

B: _____
(잘 안 맞아요.)

정답

1. I'm just browsing. / I'm just looking. 2. I think it's a bit steep. / I think it's a bit pricey. 3. Can you come down a little bit? 4. They don't fit very well.

제5부

무조건 통하는 압축 영문법

스피킹에 날개를 달아 주는 문법 공부

"어떻게 유학을 아예 안 다녀오셨는데 정말 원어민처럼 영어를 구사
하세요?"

사람들이 저에게 엄청나게 많이 물어보는 질문입니다. 국내에서
공부하며 영어 스피킹 실력 향상에 어려움을 겪는 사람들 가운데
저의 비결을 궁금해하는 경우가 특히 많은 듯합니다.

다소 맥빠질지도 모르지만 비결은 '평생에 걸친 노력'입니다. 그러
나 노력에도 우선순위가 있습니다. 그리고 노력을 어떻게 하느냐에
따라 그 결과도 크게 달라질 수 있죠.

그러면 제 노력의 우선순위는 무엇이었을까요? 바로 '의문문 만들

고 그에 답하는 연습하기'입니다. 영어 말하기를 잘하고 싶은데 영어권 국가에서 공부할 기회가 닿지 않아 한계를 느끼는 사람들에게 제가 무조건 먼저 추천하는 공부법도 바로 이것입니다.

학생들이 저에게 붙여 준 과분한 별명 중 하나가 '국내파의 희망'입니다. 그런 제가 대학교에 들어갈 때까지만 해도 영어를 거의 한 마디도 말하지 못했다면 믿으실까요? 남들보다 이른 나이에 영어를 접했고 성장기 내내 영어를 가장 잘하는 학생 집단에 속했지만, 그래도 한국 교육 제도의 틀 안에서 영어 말하기 실력을 실질적으로 키울 수 있는 기회는 매우 드물었습니다. 대학교에서 원어민 교수의 영어 회화 수업을 들으며 처음으로 스피킹을 제대로 배울 수 있었어요. 그때 영어 회화 실력이 어땠나 떠올려 보면 실수도 참 많이 했고 자연스러운 구어체 어휘도 잘 몰랐습니다. 하고 싶은 말을 어떻게 표현해야 할지 몰라 말문이 막힐 때도 많았죠.

이런 답답함을 해소해 준 것은 의외로 문법 수업이었습니다. 대학교 1학년 문법 수업 시간에 의문문의 구조를 매우 깊이 있게 배웠는데, 의문문을 제대로 이해하고 나니 영어 말하기가 너무나 쉬워졌습니다. 어린이가 두발자전거 타는 법을 배울 때처럼, 일단 의문문 구조를 몸에 익혀 두고 나니 그 후로는 영어가 저절로 술술 나오더군요.

언어적 재능이 특별히 뛰어나지 않아도 의문문을 만들고 답하는 방법은 그리 어렵지 않게 배울 수 있습니다. 영어 공부에 투자할 시간이 대단히 많지 않아도 비교적 짧은 시간에 의문문의 구조는 익힐 수 있습니다. 지금부터 의문문 관련 문법을 공부하여 영어 말하기에 날개를 달아 봅시다.

의문문 만드는 기본 문법 구조

의조주동, 조주동.
의조주동, 조주동.
의조주동, 조주동.
의조주동, 조주동.

이게 대체 뭔가 싶을 겁니다. 지금 바로 소리 내어 따라 읽어 봅시다.

의조주동, 조주동.
의조주동, 조주동.
의조주동, 조주동.
의조주동, 조주동.

의문문 만드는 방법을 이해하려면 가장 먼저 의문문의 틀을 익혀야 합니다.

방금 함께 읽어 본 내용이 바로 의문문의 대표적인 두 가지 구조입니다. 의조주동, 조주동.

의문사 + 조동사 + 주어 + (동사)

조동사 + 주어 + (동사)

이 구조만 제대로 익혀도 영어 말하기가 쉬워집니다. 투자 대비 효용이 믿기지 않을 정도로 높으니, 스피킹을 잘하고 싶다면 반드시 이것부터 익히세요.

여기에서 의문사는 육하원칙에 해당하는 5W1H(who/what/when/where/how/why)와 which까지 포함합니다. 이런 의문사로 시작하는 문장 뒤에는 조주동, 즉 조동사, 주어, 동사가 순서대로 따라 나옵니다. 이때 동사는 때에 따라 생략되기도 합니다. 조주동은 의조주동에서 의문사가 탈락한 경우입니다. 의문사를 빼고 조동사, 주어, 동사 순서대로 의문문을 만들어 주면 됩니다.

스피킹 실력이 마법을 부린 듯 일취월장하기를 바라는 마음을 담아 주문처럼 외워 봅시다.

의조주동, 조주동.
의조주동, 조주동.
의조주동, 조주동.
의조주동, 조주동.

아직 소리 내어 읽지 않은 분 계신가요? 그렇다면 영어 말하기를 잘하고 싶다는 간절함이 부족한 것입니다. 진짜 소리 내어 읽어 봅시다.

의조주동, 조주동.
의조주동, 조주동.
의조주동, 조주동.
의조주동, 조주동.

툭 치면 당장 말이 튀어나올 정도가 되었나요? '의조주동, 조주동'이라는 기본 규칙을 익혔으니, 이제 그 구성 요소를 알아봅시다.

형용사, 명사와 친한 조동사 be

be 동사를 그냥 동사로만 알고 있는 사람들이 많습니다. 하지만 be 동사는 사실 조동사이기도 합니다. 조동사라는 문법 용어에 겁먹을 필요는 없어요. 조동사는 동사를 도와주는 조력자助力者 같은 문법 장치입니다. 그래서 조助동사라고 하는 거죠. 엄밀히 구분하면 be 동사는 연결 동사linking verb* 이거나 조동사** 가운데 하나인데, 학습 편의를 고려해 그냥 '조동사'로 설명할게요.

  be 동사는 형용사, 명사와 친한 조동사입니다. 실제로 우리가 자주 접해 본 문장들을 통해 be 동사가 실제로 형용사, 명사와 친한지 알아봅시다. 아래 예문 가운데 평서문 답변에서 be 동사 바로 뒤에 어떤 단어들이 나오는지 살펴보세요.

Q1. How are you? (안녕하세요? / 잘 지냈어요?)

A1. I'm *fine*, thank you. And you? (잘 지냈어요. 당신은요?)

→ be 동사와 형용사 fine이 만난 경우

---

* be나 become처럼 주어와 주격 보어를 이어 주는 동사.

** 진행형(be＋V–ing)이나 수동태(be＋p.p.) 등에 들어간 be 동사.

Q2. What is your name? (성함이 어떻게 되세요?)

A2. My name is *James*. (저는 제임스입니다.)

→ be 동사와 명사 James가 만난 경우

Q3. What is this? (이게 뭐예요?)

A3. That's *a gift* for you. (당신 선물이에요.)

→ be 동사와 명사 gift가 만난 경우

Q4. How old are you? (몇 살이에요?)

A4. I'm 20. (스무 살입니다.)

→ be 동사와 형용사 20(twenty)이 만난 경우

Q5. Who is he? (그는 누구예요?)

A5. He is my *brother*. (제 남동생이에요.)

→ be 동사와 명사 brother가 만난 경우

모든 예문에서 평서문의 be 동사 뒤에 형용사나 명사가 나옵니다. 이렇듯 be 동사는 형용사 또는 명사와 친한 조동사입니다.

동사와 친한 조동사 do

be 동사가 형용사나 명사와 친하다는 것을 확인했다면 이제 조동사 do에 대해서 알아볼 차례입니다. do는 be 동사만큼이나 영어에서 가장 많이 쓰이는 단어입니다. do는 동사와 친한데 이 역시 예문으로 확인해 봅시다. 단, do가 들어간 아래 예문들은 의문문이라서 주어와 조동사의 순서가 바뀌었으니 do 바로 뒤를 보지 말고 주어 뒤를 봐야 합니다.*

Q1. Do you *like* coffee? (커피 좋아해요?)

→ do와 동사 like가 만난 경우

Q2. Where do you *live*? (어디 살아요?)

→ do와 동사 live가 만난 경우

Q3. Do you *have* a sister? (여동생 있어요?)

→ do 동사와 동사 have가 만난 경우

---

* 원래 구조: 주어＋do＋동사 → 의문문 구조: do＋주어＋동사?

Q4. Do you *have* money? (돈 있어요?)

→ do 동사와 동사 have가 만난 경우

Q5. Do you *want* to go home? (집에 갈까요?)

→ do 동사와 동사 want가 만난 경우

간단한 예문들을 통해 do는 동사와 친하다는 사실을 쉽게 확인할 수 있었습니다. 조동사 be와 do가 무엇과 친한지 파악했으니 이제 조동사의 특징을 공부해 봅시다.

조동사 be/do VS. 법조동사 will/shall/may/can VS. 조동사 have

조동사 하면 대부분 will, shall, may, can을 떠올릴 겁니다. will, shall, may, can은 '법조동사'라고 하는데, be 동사나 do와는 성격이 좀 다릅니다. 또 have도 조동사에 속하는데요, 각각의 조동사에 어떤 특징이 있는지 알아봅시다.

의미를 더하지 않는 조동사

be 동사와 do는 문장에 의미를 더하지 않습니다. 문법 장치 역할만 하는 껍데기 같은 단어라고 보면 됩니다. 실제로 아래 예문을 보면 be 동사와 do를 군이 해석하지 않아도 의미를 전달하는 데 큰 문제가 없음을 알 수 있습니다.

(1) **be 동사** (형용사/명사 담당)

▶ **am** (I와 함께 사용, 과거는 was)

I am a boy. (직역: 저는 소년입니다. → 의역: 저 남자앤데요.)

▶ **are** (you/they/복수 명사와 함께 사용, 과거는 were)

You are a girl. (직역: 너는 소녀입니다. → 의역: 너 여자애구나.)

▶ **is** (he/she/it/단수 명사와 함께 사용, 과거는 was)

He is fired. (직역: 그 남자는 해고당했다. → 의역: 그 사람 잘렸어.)

(2) **do** (의문문, 부정문에서 일반 동사 담당)

▶ **do** (I/you/they/복수 명사와 함께 사용, 과거는 did)

Q. Do you like him? (너 걔 좋아하니?)

A. I don't like him. (아니, 싫어해.)

▶ **does** (he/she/it/단수 명사와 함께 사용, 과거는 did)

Q. Does he know you? (걔가 너 아니?)

A. No, he doesn't. (아니, 몰라.)

의미를 더하는 조동사

be 동사나 do와는 달리 법조동사 will, shall, may, can은 문장의
의미를 완전히 바꿔 놓습니다. 법조동사의 의미와 사용 형태를 아
래 예문을 통해 익혀 봅시다.

(1) **will** (…할 것이다)

I will go there. (거기 갈 거예요.)

(2) **would** (…할 것이다(과거), …할 의사가 있다(미래))

I would go there with you. (당신과 거기 같이 가 줄 수 있어요.)

(3) **shall** (…할 것이다, …할까요?)

We shall begin soon. (곧 시작하겠습니다.)

Shall we dance? (춤출까요?)

(4) **should** (…해야 한다, …할 것으로 추측한다)

You should go there. (너 거기 가야 해.)

It shouldn't take long. (오래 안 걸릴 거예요.)

(5) **may** (…해도 좋다, …일지도 모른다)

You may go now. (이제 가 보세요.)

You may not like it. (마음에 안 들 수도 있어요.)

(6) **might** (…일지도 모른다(미래))

You might not like it. (마음에 안 들 수도 있어요.)

(7) **can** (…할 수 있다)

I can fix it. (내가 고쳐 줄 수 있어요.)

Can you fix it? (그거 고쳐 줄 수 있어요?)

(8) **could** (…할 수 있다(과거), …일지도 모른다(미래))

I couldn't see him. (그가 안 보였어요.)

We could win. (우리가 이길 수도 있어요.)

시제를 관할하는 조동사

이제 조동사 have를 알아볼 차례입니다. have는 시제를 표현하는데 사용되는 조동사입니다. 동사만으로는 표현할 수 없는 '완료 시제'를 표현하는 역할을 합니다.

완료 시제는 크게 네 가지 용법, 즉 완료(지금 막… 했다), 계속(계속

··· 해 왔다), 경험(··· 해 봤다), 결과(··· 하게 되었다)의 뜻으로 쓰입니다.
아래 예문을 통해 조동사 have의 용례를 살펴봅시다.

(1) **have** (I/you/they/복수 명사와 함께 사용, 과거는 had)

I have just finished my homework. (숙제를 막 끝냈어요.) `완료`

Have you finished your homework? (숙제 다 했어요?) `완료`

I have lived in Seoul for 10 years. (서울에 산 지 10년 됐어요.) `계속`

How long have you lived in Seoul? (서울에 산 지 얼마나 됐어요?) `계속`

I have been to New York. (뉴욕 가 봤어요.) `경험`

Have you been to New York? (뉴욕 가 봤어요?) `경험`

The meetings have been cancelled. (미팅이 전부 취소됐습니다.) `결과`

Have the meetings been cancelled? (미팅이 전부 취소됐어요?) `결과`

(2) **has** (he/she/it/단수 명사와 함께 사용, 과거는 had)

He has just finished his homework. (그는 숙제를 막 끝냈습니다.) `완료`

Has he finished his homework? (그는 숙제를 다 했나요?) `완료`

She has lived in Seoul for 10 years. (그 사람 서울에 산 지 10년 됐어요.)

`계속`

How long has she lived in Seoul? (그 사람 서울에 산 지 얼마나 됐어요?)

`계속`

Jason has been to New York. (제이슨은 뉴욕 가 봤어요.) 경험

Has Jason been to New York? (제이슨은 뉴욕 가 봤나요?) 경험

The meeting has been cancelled. (미팅 취소됐습니다.) 결과

Has the meeting been cancelled? (미팅 취소됐어요?) 결과

쉬운 의문문 만들어 보기

제일 먼저 배운 마법의 주문, 아직 기억하고 있나요?

의조주동, 조주동.

의조주동, 조주동.

의조주동, 조주동.

의조주동, 조주동.

자, 이제 의문사가 뭔지, 각각 조동사의 특징이 뭔지 알아봤으니 실제로 의문문을 만들어 볼 차례입니다.

$$\overset{\bullet}{\text{의문사}} + \overset{\bullet}{\text{조동사}} + \overset{\bullet}{\text{주어}} + (\overset{\bullet}{\text{동사}})$$

$$\overset{\bullet}{\text{조동사}} + \overset{\bullet}{\text{주어}} + (\overset{\bullet}{\text{동사}})$$

이 내용을 참고해 아래 문장을 직접 영작해 봅시다. 힌트를 순서대로 따라가다 보면 생각보다 쉽게 답을 찾을 수 있을 거예요.

연습문제

Q1. 너 화났니?
('화난'이라는 뜻의 형용사 mad 사용)
* **힌트 1** 형용사와 친한 조동사는?
* **힌트 2** you와 함께 쓰이는 조동사는?

→ _____

Q2. 남자 친구/여자 친구 있어요?
('가지고 있다'라는 뜻의 동사 have 사용)
* **힌트 1** 당신은 남자 친구/여자 친구를 가지고 있나요?
* **힌트 2** 동사와 친한 조동사는?
* **힌트 3** you와 함께 쓰이는 조동사는?

→ _____

Q3. 너 추워?

('추운'이라는 뜻의 형용사 cold 사용)

* **힌트 1** 형용사와 친한 조동사는?
* **힌트 2** you와 함께 쓰이는 조동사는?

 _____

Q4. 너 파티에 올 거니?

('올 예정인'이라는 뜻의 형용사 coming 사용)

* **힌트 1** 형용사와 친한 조동사는?
* **힌트 2** you와 함께 쓰이는 조동사는?

 _____

Q5. 너 그 여자 알아?

('알다'라는 뜻의 동사 know 사용)

* **힌트 1** 동사와 친한 조동사는?
* **힌트 2** you와 쓰이는 조동사는?

 _____

Q6. 사무실이 어디예요?

('당신의 사무실'이라는 뜻의 명사구 your office 사용)

* **힌트 1** 당신의 사무실은 어디에 있나요?
* **힌트 2** 명사와 친한 조동사는?
* **힌트 3** your office 같은 단수 명사와 쓰이는 조동사는?

 _____

Q7. 이거 누가 고칠 수 있어요?

('고치다'라는 뜻의 동사 fix 사용)

힌트 1 동사와 친한 조동사는?
 힌트 2 '… 할 수 있다'라는 뜻의 법조동사는?

→ _____

Q8. 원하는 게 뭐예요?

('원하다'라는 뜻의 동사 want 사용)
 힌트 1 당신은 무엇을 원합니까?
 힌트 2 동사와 친한 조동사는?
 힌트 3 you와 쓰이는 조동사는?

→ _____

Q9. 누굴 제일 좋아해요?

('당신이 제일 좋아하는 사람'이라는 뜻의 명사구 your favorite 사용)
 힌트 1 누가 당신이 제일 좋아하는 사람인가요?
 힌트 2 명사와 친한 조동사는?
 힌트 3 '누구'라는 뜻의 who 같은 단수와 함께 쓰이는 조동사는?

→ _____

Q10. 나한테 왜 화난 거야?

('나에게 화난'이라는 뜻의 형용사구 mad at me 사용)
 힌트 1 형용사와 친한 조동사는?
 힌트 2 you와 쓰이는 조동사는?

→ _____

자, 다 풀어 보셨나요?

정답을 확인하기에 앞서 '의조주동, 조주동' 주문을 외워 봅시다.

이제 정답을 확인하면서 빈 괄호 안에 이 문장이 의조주(동) 구조인지, 조주(동) 구조인지 써 봅시다.

정답

Q1. Are you mad?　　　　　　　　(　　　　　)

Q2. Do you have a boyfriend/girlfriend? (　　　　　)

Q3. Are you cold?　　　　　　　　(　　　　　)

Q4. Are you coming to the party?　　(　　　　　)

Q5. Do you know her?　　　　　　(　　　　　)

Q6. Where is your office?　　　　　(　　　　　)

Q7. Who can fix this?　　　　　　(　　　　　)

Q8. What do you want?　　　　　　(　　　　　)

Q9. Who is your favorite?　　　　　(　　　　　)

Q10. Why are you mad at me?　　　(　　　　　)

속는 셈 치고 다시 한번 소리 내어 따라 읽어 봅시다.

의조주동, 조주동.
의조주동, 조주동.
의조주동, 조주동.
의조주동, 조주동.

이제 의문문의 구조가 정확하게 이해가 되었을 겁니다. 이 구조만 잘 활용하면 어떤 의문문이든 쉽게 만들어 낼 수 있습니다. 머릿속에 의문문의 구조 규칙을 확실히 넣어 놓기만 하세요. 필요한 어휘들은 그때그때 영어 사전에서 찾아 활용하면 됩니다.

쉬운 의문문에 답해 보기

이제 의문문에 답을 해 볼 차례입니다. 의문문 만드는 법을 익혔다면 그에 답하는 법은 생각보다 쉽게 익힐 수 있으니 잘 따라오세요.

의문문에 대한 답은 의조주동 구조냐, 조주동 구조냐에 따라 달라집니다. 먼저 조주동 의문문에는 '네' 또는 '아니오'로 대답할 수 있습니다. 예를 들어 "Are you John?"(네가 존이냐?)이라고 물으면

"Yes, I'm John."(네, 제가 존이에요.) 또는 "No, I'm not."(아뇨, 저 존 아닌데요.)이라고 대답합니다.

하지만 의조주동 의문문에는 '네, 아니오'로 대답할 수 없습니다. 예를 들어 "Who is John?"(존이 누구야?)라고 물으면 "He is over there."(존은 저기 있어.)처럼 구체적인 답변을 내놓아야 합니다.

대답 패턴을 확인했다면 이제 구체적으로 조주동 문장에 답하기 연습을 해 봅시다.

조주동 의문문에 대답하기

'네, 아니오'로 대답

→ Yes, (+ 주어 + 조동사)

→ No, (+ 주어 + 조동사)

조주동 의문문에는 Yes 또는 No 중에서 적절한 대답을 한 뒤에 주어와 조동사를 써 줍니다. 이때 조동사는 의문문에서 쓴 조동사를 그대로 가져오되, 대답 문장에서 주어가 바뀐 점을 고려하여 적절하게 변형하여 쓰면 됩니다. 예를 들어 "Are you . . .?"로 물으면 "I am . . ."으로 대답해야 합니다. 의문문에서 you(너)라는 주어를 쓰면 대답 문장 주어는 I(나)로 바뀌고, 자연스럽게 조동사도 are 대신 am을 쓰는 거죠. 그리고 Yes 또는 No 뒤에 나오는 주어와 조동사는 생략하는 경우도 많으니 참고하세요. 이제 예문을 살펴봅시다.

Q1. Are you mad? (너 화났니?)

A1. Yes, I am. (응, 화났어.) / **No, I'm not.** (아니, 화 안 났어.)

Q2. Do you have a boyfriend/girlfriend? (남자 친구/여자 친구 있어요?)

A2. Yes, I do. (네, 있어요.) / **No, I don't.** (아뇨, 없어요.)

Q3. Are you cold? (너 추워?)

A3. Yes, I am. (응, 추워.) / **No, I'm not.** (아니, 안 추워.)

Q4. Are you coming to the party? (너 파티에 올 거니?)

A4. Yes, I am. (응, 갈 거야.) / **No, I'm not.** (아니, 안 가.)

Q5. Do you know her? (너 그 여자 알아?)

A5. Yes, I do. (응, 알아.) / **No, I don't.** (아니, 몰라.)

의조주동 의문문에 대답하기

구체적인 문장 또는 간단한 단어로 대답

→ 주어 + 동사 + ⋯ (또는) 명사/형용사/부사 등 활용

앞서 언급했듯이 의조주동 의문문에는 '네, 아니오'로 답할 수 없습니다. 묻는 대상을 구체적으로 언급해 줘야 하는데 이때는 따로 기댈 수 있는 유형이나 패턴이 없어요. 의조주동 의문문에 대답하는 것이 어렵게 느껴진다면 간단한 단어만 활용해서 단답형으로 답하는 것도 방법입니다.

물론 매번 이렇게 주어와 동사 등을 생략하고 필요한 단어로만 말한다면 다소 불친절해 보일 수 있어요. 하지만 완성된 문장이 떠오를 때까지 기다리느라 어색한 침묵이 흐르는 것보다는 이렇게라도 대답을 해 주는 편이 훨씬 더 낫습니다. 정답에 대한 강박을 버리고 용기 내어 대답을 해 봅시다.

Q1. Where is your office? (사무실이 어디에 있어요?)

A1. My office is near Gangnam Station. (제 사무실은 강남역 근처에 있어요.) / Near Gangnam Station. (강남역 근처예요.)

Q2. Who can fix this? (이거 누가 고칠 수 있어요?)

A2. John can fix this. (존이 고칠 수 있어요.) / **John.** (존이오.)

Q3. What do you want? (원하는 게 뭐예요?)

A3. I want my money. (내 돈 내놔요.) / **My money.** (내 돈요.)

Q4. Who is your favorite? (제일 좋아하는 사람이 누구예요?)

A4. RM is my favorite. (RM을 가장 좋아해요.) / **RM.** (RM요.)

Q5. Why are you mad at me? (나한테 왜 화난 거야?)

A5. Because you were late! (네가 늦었잖아!)

고급 의문문 묻고 답하기

의조주동, 조주동 구조를 완전히 익혔다면 이제 영어 사전에서 원하는 단어를 찾아 꾸준히 의문문 만드는 연습을 해 봅시다. 그런데 공부를 하다 보면 이 기본 구조로 해결되지 않는 문장이 있다는 사실을 깨닫게 될 겁니다. 거창한 문장을 떠올릴 필요도 없이, 어렸을 때 배웠던 간단한 문장 가운데 하나를 예로 들어 보겠습니다.

How old are you? (너 몇 살이냐?)

얼핏 보면 의조주동 구조처럼 보이지만 뭔가 요소가 더 있습니다.
바로 how 뒤에 old라는 형용사가 붙어 있죠. 이처럼 의조주동 구
조이지만 의문사 뒤에 형용사 또는 부사 또는 명사가 붙어 있는 경
우가 있습니다. 심화 과정으로 이 고급 의문문 구조를 알아봅시다.

How + 형용사/부사 + 조동사 + 주어 + (동사)

Q1. How old are you?

(직역: 너는 얼마나 나이가 들었니? → 의역: 너 몇 살이니?)

A1. I am 20 years old. (저는 스무 살이에요.) / 20. (스무 살이에요.)

Q2. How fast can you run?

(직역: 너는 얼마나 빠르게 달릴 수 있니? → 의역: 너 어느 정도 뛰어?)

A2. I can run 2 miles in 10 minutes. (저 2마일 10분에 뛰어요.) /

2 miles in 10 minutes. (10분에 2마일요.)

Q3. How much do I owe you?

(직역: 나는 얼마나 많이 당신에게 빚을 졌습니까? → 의역: 얼마예요?)

A3. That's 35 dollars. (35달러예요.) / 35 dollars. (35달러요.)

Q4. How far it is from here? *

(직역: 그곳은 여기서 얼마나 멀리 있습니까? → 의역: 얼마나 멀어요?)

A4. It's a half-hour drive from here.

(여기서 30분 정도 차로 가야 합니다.) /

A half-hour drive. (차로 30분 정도요.)

Q5. How popular is it in your country? **

(직역: 그것은 당신의 나라에서 얼마나 인기가 있습니까? → 의역: 당신 나라에서

인기 많아요?)

A5. It's like everybody has one. (안 산 사람이 거의 없을 정도예요.)

예문에서 확인할 수 있듯이 형용사나 부사를 꾸미는 how는 '얼
마나'라는 뜻으로 해석하면 대부분 맞아떨어집니다. 먼저 묻고 싶은

---

* from here은 '여기에서'라는 뜻의 부사로, far를 꾸며 준다.

** in your country는 '당신의 나라에서'라는 뜻의 부사로, popular를 꾸며 준다.

말에 '얼마나'를 넣어서 말이 되는지 보고(예: "그녀는 얼마나 늦었니?") 그렇게 해서 말이 된다면 'how + 형/부 + 조 + 주 + 동' 구조를 활용해 영작해 봅시다.(예: "How late was she?") 대답할 때는 의조주동 구조 의문문과 똑같이 그때그때 구체적인 답변을 제시하고 경우에 따라 문장의 일부분을 생략해 간단히 대답할 수 있습니다.

Which + 명사 + 조동사 + 주어 + (동사)

Q1. Which one do you want?

(직역: 당신은 어느 것을 원합니까? → 의역: 이 중에서 마음에 드는 게 뭐예요?)

A1. I like that one. (저는 저게 마음에 듭니다.) / **That one.** (저거요.)

Q2. Which car should I buy?

(직역: 내가 어느 차를 사야 할까? → 의역: 어떤 차로 하지?)

A2. I would buy the red one. (나라면 빨간 차로 할 것 같아.) /

The red one. (빨간 차.)

Q3. Which cities should I visit?

(직역: 나는 어느 도시를 방문해야 할까? → 의역: 어느 도시를 가 봐야 해?)

A3. **You should definitely* visit Busan.** (부산을 꼭 가 봐야 해.) /

Busan. (부산.)

Q4. **Which area of the city is the safest?** (직역: 이 도시의 어느 지역이

가장 안전한가요? → 의역: 이 도시에서 가장 안전한 지역이 어디예요?)

A4. **The downtown area is relatively safer than other areas.**

(도심 중심가가 다른 지역들보다는 좀 안전하죠.) /

The downtown area. (도심 중심가요.)

Q5. **Which way is it?**

(직역: 어느 방향에 있습니까? → 의역: 어느 쪽으로 가야 해요?)

A5. **Turn left/right at the next corner.**

(다음 모퉁이에서 왼쪽/오른쪽으로 꺾어 가시면 돼요.)

which는 how와 달리 뒤에 명사가 오고, 예문에서 알 수 있듯이
주로 '어느'라고 해석합니다. 묻고 싶은 말에 '어느'라는 단어를 넣었
을 때 말이 되는지 살펴보고(예: "어느 것이 네 것이냐?") 말이 된다면

---

* definitely는 '무조건, 반드시'라는 뜻의 부사로 visit를 꾸며 준다.

'which + 명 + 조 + 주 + 동' 구조에 맞춰 문장을 만들면 됩니다.(예:
"Which one is yours?") 대답할 때는 의조주동 구조 의문문과 똑같
이 그때그때 구체적인 답변을 제시하고 경우에 따라 문장의 일부분
을 생략해 간단히 대답할 수 있습니다.

What + 명사 + 조동사 + 주어 + (동사)

Q1. What time is it? (직역: 지금 어떤 시간이니? → 의역: 몇 시야?)

A1. It's a quarter past four. (4시 15분이에요.) /

A quarter past four. (4시 15분.)

Q2. What kind of car do you have?

(직역: 당신은 어떤 종류의 차를 가지고 있습니까? → 의역: 차종이 뭐예요?)

A2. I have a Hyundai Sonata 2020. (저는 2020년식 현대 소나타를 탑니
다.) / A Hyundai Sonata 2020. (2020년식 현대 소나타요.)

Q3. What gift should I buy her? (직역: 나는 그녀에게 어떤 선물을 사 줘
야 할까? → 의역: 그녀에게 무슨 선물을 사다 줄까?)

A3. Buy her a new phone. (새 폰을 사 주세요.) /

A new phone. (새 폰요.)

Q4. What problem do you have?

(직역: 너는 어떤 문제를 가지고 있니? → 의역: 뭐가 문제예요?)

A5. My phone screen won't turn off. (핸드폰 스크린이 꺼지지 않아요.) /

My phone screen. (핸드폰 스크린요.)

Q5. What advice would you give us? (직역: 너는 우리에게 어떤 조언

을 줄 거니? → 의역: 어떤 조언을 해 주실 수 있을까요?)

A5. Fail forward. (계속 실패하면서 나아가세요.)

what 역시 뒤에 명사가 오고, 예문에서 알 수 있듯이 주로 '어떤'이라고 해석합니다. 묻고 싶은 말에 '어떤'이라는 단어를 넣었을 때 말이 되는지 살펴보고(예: "어떤 색깔을 원해?") 말이 된다면 'what + 명 + 조 + 주 + 동' 구조에 맞춰 문장을 만들면 됩니다.(예: "What color do you want?") 대답할 때는 의조주동 구조 의문문과 똑같이 그때그때 구체적인 답변을 제시하고 경우에 따라 문장의 일부분을 생략해 간단히 대답할 수 있습니다.

Q1 호칭을 어떻게 하면 좋을까요? (의조주동)

('부르다'라는 뜻의 동사 address 사용)
* **힌트 1** 나는 어떻게 당신을 불러야 합니까?
* **힌트 2** '어떻게'라는 의미의 의문사는?
* **힌트 3** '… 해야 한다'라는 의미의 조동사는?

→ _____

A1 제임스(James)라고 부르세요.

→ _____

Q2 제임스라고 불러도 될까요? (조주동)

('부르다'라는 뜻의 동사 call 사용)
* **힌트 1** 나는 당신을 제임스라고 부를 수 있습니까?
* **힌트 2** '… 할 수 있다'라는 의미의 조동사는?

→ _____

A2 네.

→ _____

Q3 SNS 해요? (조주동)

('가지다'라는 뜻의 동사 have 사용)
* **힌트 1** 당신은 소셜 미디어를 하나라도 갖고 있습니까?
* **힌트 2** 동사와 친한 조동사는?
* **힌트 3** you와 함께 쓰이는 조동사는?

→ _____

A3 인스타그램 계정 있어요.

→ _____

Q4 페이스북 계정 있어요? (조주동)

('가지다'라는 뜻의 동사 have 또는 '사용하다'라는 뜻의 동사 use 사용)
* **힌트 1** 당신은 페이스북을 가지고 있습니까? / 당신은 페이스북을 사용합니까?
* **힌트 2** 동사와 친한 조동사는?
* **힌트 3** you와 함께 쓰이는 조동사는?

→ _____

A4 네, 있어요.

→ _____

Q5 인스타그램 계정 알 수 있을까요? (조주동)

('얻다'라는 뜻의 동사 get 사용)
* **힌트 1** 내가 당신의 인스타그램을 얻을 수 있습니까?
* **힌트 2** '… 할 수 있다'라는 의미를 가진 조동사는?

→ _____

A5 네.

→ _____

Q1 How should I address you?

A1 You can call me James. / James.

> **해설** 의조주동 문장이기 때문에 구체적인 답을 주는 게 원칙이지만, 너무 어렵게 느껴지면 물어보는 부분(불러야 할 이름)에 대한 답만 짧게 제시(James.)할 수도 있어요.

Q2 Can I call you James?

A2 Yes, (you can.) / Sure.

> **해설** 조주동 문장이기 때문에 Yes, 주어＋조동사(이때 조동사는 의문문에서 쓴 조동사를 그대로 가져옵니다.) 구조로 답하면 됩니다. 이때 "Yes, you can."까지 다 말을 하면 "그럼요. 그렇다마다요."처럼 장난스럽게 말하는 느낌이 듭니다. "Yes." 또는 "Yeah." 정도로만 대답하는 편이 가장 자연스럽고 "Sure, you can."(그럼요.)이라고 말하는 것도 자연스러운 표현입니다.

Q3 Do you have any social media?

A3 Yes, I do. / I have Instagram. / Instagram.

> **해설** 조주동 문장이기 때문에 Yes, 주어＋조동사(이때 조동사는 의문문에서 쓴 조동사를 그대로 가져옵니다.) 구조로 답하면 되지만 그 외에도 "I have Instagram."(저 인스타그램 해요.) 또는 "Instagram."(인스타그램요.)처럼 말해도

어색하지 않아요. 참고로 영어권 국가에서는 SNS라는 말을 잘 쓰지 않고 소셜 미디어_social media_라는 표현을 주로 씁니다.

Q4 Do you have Facebook? / Do you use Facebook?

A4 Yes, (I do.)

해설 조주동 문장이기 때문에 Yes, 주어+조동사(이때 조동사는 의문문에서 쓴 조동사를 그대로 가져옵니다.) 구조로 답하면 됩니다.

Q5 Can I get your Instagram?

A5 Yes, (you can.) / Sure.

해설 조주동 문장이기 때문에 Yes, 주어+조동사(이때 조동사는 의문문에서 쓴 조동사를 그대로 가져옵니다.) 구조로 답하면 됩니다.

Q1 어디에서 오른쪽으로 꺾으라고요? (의조주동)

('오른쪽으로 꺾다'라는 뜻의 동사구 make a right turn 사용)

* **힌트 1** 나는 어디에서 오른쪽으로 꺾습니까?
* **힌트 2** 동사(구)와 친한 의문사는?
* **힌트 3** I와 함께 쓰이는 조동사는?

→ _____

A1 다음 사거리에서요.

→ _____

Q2 (전화하면) 어떤 정보를 알려 주나요? (의+명+조주동)

('제공하다'라는 뜻의 동사 provide 사용)

* **힌트 1** 그들은 어떤 종류의 정보를 제공합니까?
* **힌트 2** 동사와 친한 의문사는?
* **힌트 3** '어떤'이라는 뜻의 의문사는?
* **힌트 4** they와 친한 조동사는?

→ _____

A2 서울 관광에 대한 전반적인 정보를 제공해 줘요.

→ _____

Q3 교통 카드 어디서 살 수 있어요? (의조주동)

('사다'라는 뜻의 동사 buy 사용)

* **힌트 1** 나는 어디에서 티켓을 살 수 있습니까?

＊**힌트 2** '… 할 수 있다'라는 의미의 조동사는?

➞ _____

A3 저쪽에 있는 기계에서 사면 돼요.

➞ _____

Q4 저 어디에서 내려야 하나요? (의조주동)

　　('내리다'라는 뜻의 동사 get off 사용)

　　＊**힌트 1** 나는 어디에서 내립니까?

　　＊**힌트 2** 동사와 친한 조동사는?

　　＊**힌트 3** I와 함께 쓰이는 조동사는?

➞ _____

A4 강남역에서 내려야 해요.

➞ _____

Q5 여기 자리 있나요? (조주동)

　　('자리가 있는'이라는 뜻의 형용사 taken 사용)

　　＊**힌트 1** 이 좌석은 자리가 있습니까?

　　＊**힌트 2** 형용사와 친한 조동사는?

　　＊**힌트 3** This seat 같은 단수 명사와 함께 쓰이는 조동사는?

➞ _____

A5 아뇨.

➞ _____

Q1 Where do I make a right turn again?

A1 At the next intersection. / Next intersection.

해설 의조주동 문장이기 때문에 구체적인 답을 주는 게 원칙이지만, 너무 어렵게 느껴지면 물어보는 부분(오른쪽으로 꺾어야 하는 타이밍)에 대한 답만 짧게 제시(Next intersection.)할 수도 있어요.

Q2 What kind of information do they provide?

A2 They provide general information on tourism in Seoul. / General information on tourism in Seoul.

해설 의+명+조주동 문장이기 때문에 구체적인 답을 주는 게 원칙이지만, 너무 어렵게 느껴지면 물어보는 부분(알려 주는 정보)에 대한 답만 짧게 제시(General information on tourism in Seoul.)할 수도 있어요.

Q3 Where can I buy a ticket?

A3 You can buy your ticket from the machine over there. / From the machine over there.

해설 의조주동 문장이기 때문에 구체적인 답을 주는 게 원칙이지만, 너무 어렵게 느껴지면 물어보는 부분(교통카드를 살 수 있는 곳)에 대한 답만 짧게 제시(From the machine over there.)할 수도 있어요.

Q4 Where do I get off?

A4 You got to get off at Gangnam Station. / At Gangnam Station.

해설 의조주동 문장이기 때문에 구체적인 답을 주는 게 원칙이지만, 너무 어렵게 느껴지면 물어보는 부분(내려야 하는 곳)에 대한 답만 짧게 제시(At Gangnam Station.)할 수도 있어요.

Q5 Is this seat taken?

A5 No, (it isn't.)

해설 조주동 문장이기 때문에 No, 주어+조동사+not(이때 조동사는 의문문에서 쓴 조동사를 그대로 가져옵니다. isn't는 is not의 줄임말입니다.) 구조로 답하면 됩니다. 이때 it isn't 부분은 주로 생략되며 좀 더 친절하게 "No, you can take it."(아뇨, 앉으셔도 돼요.)처럼 말하는 방법도 있어요.

Q1 (옷을 입고 나서) 나 어때? (의조주동)

('보이다'라는 뜻의 동사구 look 사용)
* **힌트 1** 나는 어떻게 보입니까?
* **힌트 2** 동사와 친한 조동사는?
* **힌트 3** I와 함께 쓰이는 조동사는?

→ _____

A1 너 스타일 너무 좋아 보인다.

→ _____

Q2 사람들 줄 서 있는 거 안 보여요? (조주동)

('보다'라는 뜻의 동사 see 사용)
* **힌트 1** 당신은 사람들이 줄을 서서 기다리는 것을 볼 수 없습니까?
* **힌트 2** '··· 할 수 있다'라는 의미의 조동사는?

→ _____

A2 아, 미안합니다.

→ _____

Q3 조금만 뒤로 가 주실래요? (조주동)

('뒤로 가다'라는 뜻의 동사구 step back 사용)
* **힌트 1** 당신은 뒤로 갈 수 있습니까?
* **힌트 2** '··· 할 수 있다'라는 의미의 조동사는?

→ _____

A3 아, 미안합니다.

→ _____

Q4 여기 앉으실래요? (조주동)

('원하다'라는 뜻의 동사 like 사용)

＊**힌트 1** 당신은 나의 좌석을 원할 의사가 있습니까?
＊**힌트 2** '… 할 의사가 있다'라는 의미의 조동사는?

→ _____

A4 네, 고마워요.

→ _____

Q5 문 좀 잡아 주시겠어요? (조주동)

('잡다'라는 뜻의 동사 hold 사용)

＊**힌트 1** 당신은 그 문을 제발 잡아 줄 수 있습니까?
＊**힌트 2** '… 할 수 있다'라는 의미의 조동사는?

→ _____

A5 네.

→ _____

정답

Q1 How do I look?

A1 You look very stylish. / Very stylish.

(해설) 의조주동 문장이기 때문에 구체적인 답을 주는 게 원칙이지만, 너무 어렵게 느껴지면 물어보는 부분(어때 보이는지)에 대한 답만 짧게 제시(Very stylish.)할 수도 있어요.

Q2 Can't you see people are waiting in line?

A2 Oh, I'm sorry.

(해설) 부정의 의미를 살리기 위해 '… 할 수 있다'라는 의미의 조동사 can의 부정형 can't로 문장을 시작한 경우입니다. 조주동 문장은 원칙적으로 Yes, (주어+조동사) 또는 No, (주어+조동사) 구조로 답하면 되지만 이 경우는 예외입니다. 대답을 요구하려고 질문한 게 아니라 새치기를 못 하게 하려고 질문한 것이기 때문입니다. 거기에 곧이곧대로 대답하면 더 화를 돋울 수 있습니다. 이럴 땐 사과하고 바로 줄 맨 뒤로 가는 편이 맞습니다.

Q3 Can you step back?

A3 Oh, I'm sorry.

(해설) 이 경우에도 더 이상 가까이 다가오지 말라는 의도로 질문한 것이기 때문에 곧이곧대로 대답하지 않습니다. 재빨리 사과를 하고 상대방과의 거리

를 유지해 주세요.

Q4 Would you like my seat?

A4 Yes, thank you.

> 해설 조주동 문장에 대한 원칙적인 답변 Yes, (주어+조동사) 또는 No, (주어+조동사) 구조로 대답하면 다소 어색해지는 예외적 경우입니다. 누군가가 "Would you like my seat?"라고 했을 때 "Yes, I would."라고 하면 "네, 앉고 싶습니다."라고 말하는 것처럼 들려요. 이럴 땐 "Yes, thank you."라고 감사 인사로 끝내는 편이 자연스럽습니다.

Q5 Can you hold the door please?

A5 Yes, (I can.) / Sure.

> 해설 조주동 문장이기 때문에 Yes, 주어+조동사(이때 조동사는 의문문에서 쓴 조동사를 그대로 가져옵니다.) 구조로 답하면 됩니다.

Q1 몇 층 가세요? (의+명+조주동)

('원하다'라는 뜻의 동사 like 사용)
* **힌트 1** 당신은 어느 층을 원할 의사가 있습니까?
* **힌트 2** '어느'라는 뜻의 의문사는?
* **힌트 3** '… 할 의사가 있다'라는 의미의 조동사는?

→ _____

A1 3층 갑니다.

→ _____

Q2 환자 분 어디가 불편해서 오셨어요? (의조주동)

('증상들'이라는 뜻의 명사 symptoms 사용)
* **힌트 1** 당신의 증상들은 무엇입니까?
* **힌트 2** 명사와 친한 조동사는?
* **힌트 3** your symptoms 같은 복수 명사와 쓰이는 조동사는?

→ _____

A2 목이 부었어요.

→ _____

Q3 이 지역 팀을 응원하세요? (조주동)

('응원하다'라는 뜻의 동사구 root for 사용)
* **힌트 1** 당신은 그 지역 팀을 응원합니까?

* **힌트 2** 동사와 친한 조동사는?
* **힌트 3** you와 함께 쓰이는 조동사는?

→ _____

A3 네. / 아뇨.

→ _____

Q4 혹시 명동 아직 안 가 봤어요? (조주동)

('가 본'이라는 뜻의 분사 been to 사용)
* **힌트 1** 당신은 아직 명동에 가 보았습니까?
* **힌트 2** 분사와 친하고 '경험'을 의미하는 완료 시제를 담당하는 조동사는?

→ _____

A4 가 봤어요. / 안 가 봤어요.

→ _____

Q5 회의는 몇 시 시작인가요? (의+명+조주동)

('시작하다'라는 뜻의 동사 start 사용)
* **힌트 1** 어떤 시간에 그 회의는 시작합니까?
* **힌트 2** '어떤'이라는 뜻의 의문사는?
* **힌트 3** 동사와 친한 조동사는?
* **힌트 4** the meeting 같은 단수 명사와 쓰이는 조동사는?

→ _____

A5 회의는 5시 30분에 시작합니다.

→ _____

정답

Q1 Which floor would you like?

A1 I would like the 3rd floor. / The 3rd floor.

해설   의+명+조주동 문장이기 때문에 구체적인 답을 주는 게 원칙이지만, 너무 어렵게 느껴지면 물어보는 부분(몇 층을 가기를 원하는지)에 대한 답만 짧게 제시(The 3rd floor.)할 수도 있어요. 이렇게 누군가가 호의를 베푸는 상황이라면 대답만 하고 끝내지 말고 "Thank you."(고맙습니다.)라는 감사 인사를 덧붙이는 것, 잊지 마세요.

Q2 What are your symptoms?

A2 I have a swollen throat. / A swollen throat.

해설   의조주동 문장이기 때문에 구체적인 답을 주는 게 원칙이지만, 너무 어렵게 느껴지면 물어보는 부분(증상들이 무엇인지)에 대한 답만 짧게 제시(A swollen throat.)할 수도 있어요. 물론 "A swollen throat."이라고만 하면 상냥해 보이진 않습니다. 하지만 여러분이 영어로 말하는 게 완전히 편하지 않다는 점을 상대가 인지하고 있다면 전혀 문제가 되지 않습니다.

Q3 Do you root for the local team?

A3 Yes, I do. / No, I don't.

해설   조주동 문장이기 때문에 Yes, 주어+조동사(이때 조동사는 의문문에서 쓴 조동사를 그대로 가져옵니다.) 또는 No, 주어+조동사+not(이때 조동사는 의문문에서 쓴 조동사를 그대로 가져옵니다. don't는 do not의 줄임말입니다.) 구조로 답하면 됩니다.

Q4 Have you been to Myeong—dong yet?

A4 Yes, I have. / No, I haven't.

(해설) 조주동 문장이기 때문에 Yes, 주어+조동사(이때 조동사는 의문문에서 쓴 조동사를 그대로 가져옵니다.) 또는 No, 주어+조동사+not(이때 조동사는 의문문에서 쓴 조동사를 그대로 가져옵니다. haven't는 have+not의 줄임말입니다.) 구조로 답하면 됩니다. 이때 긍정(가 봤냐?)으로 물었든 부정(안 가 봤냐?)으로 물었든 상관없이 가 봤으면 "Yes.", 안 가 봤으면 "No."라고 대답하면 됩니다.

Q5 What time does the meeting start?

A5 The meeting starts at 5:30 p.m. / At 5:30 p.m.

(해설) 의+명+조주동 문장이기 때문에 구체적인 답을 주는 게 원칙이지만, 너무 어렵게 느껴지면 물어보는 부분(회의가 몇 시 시작인지)에 대한 답만 짧게 제시(At 5:30 p.m.)할 수도 있어요. 동사와 친한 조동사 do는 단수 명사와 쓰일 때 do 대신 does를 씁니다. 이 외에도 he/she/it 등이 나오면 do 대신 does를 사용해요.

제6부

무조건
통하는
압축
발음
공부법

당신에게 영어 발음이 중요한 이유

당신이 생각하는 '좋은 영어 발음'의 기준은 무엇인가요? 눈 감고 들으면 원어민처럼 들리는 발음? 혀를 잔뜩 꼬아서 교포 느낌이 나는 발음? 제가 생각하는 '좋은 영어 발음'이란 '의사소통하는 데 문제가 없는 발음'입니다.

이렇게 말하면 무척 간단하게 들리지만 사실은 그리 간단하지 않아요. 의사소통하는 데 문제가 없으려면 알아야 할 발음 규칙이 꽤 많거든요.

영어를 공부하는 많은 한국인이 꽤 오랫동안 영어 발음을 경시해 왔습니다. 학교나 사교육 업체를 막론하고 '단어만 많이 외우면 된다.'라는 사고방식이 팽배했습니다. 돌이켜 보면 저의 학창 시절에도 영어 발음을 제대로 알려 준 선생님이 단 하나도 없었습니다. 대부분의 선생님이 발음이 좋지 않은 편이었고 자신의 발음을 개선해야겠다는 의지도, 학생들에게 영어 발음을 가르칠 만한 지식도 부족했어요. 학생들은 학생들대로, 내신에 들어가는 시험이나 수능에 발음 문제는 나오지 않으니 굳이 거기에 시간과 노력을 들일 필요가 없었습니다. 차라리 문제 푸는 데 도움이 되는 단어나 숙어만 열심히 외우는 게 합리적인 선택이었죠.

하지만 이렇게 공부한 사람의 한계는 실제로 영어를 입 밖으로 뱉어야 하는 순간 여실히 드러납니다. 중학생 수준의 쉬운 단어조차 제대로 발음하지 못해서 듣는 사람을 당황하게 만들고, 말하고자 하는 내용을 전달하는 데 실패하기 일쑤입니다. 이런 사람들이 항상 하는 말이 있습니다.

"영어 발음이 별로여도 내용만 괜찮으면 되는 거 아닌가요?"

과연 그럴까요? 그렇다면 다음 문장을 한번 읽어 보세요.

"아, 네가 채 시글 시즉카줴 건카시나 능구 여가특 뵤란 싸라미라 도생 가카 저기 억써타."

무슨 말인지 알겠나요?

"아내가 채식을 시작하기 전까지 나는 그녀가 특별한 사람이라고 생각한 적이 없었다."

2016년 맨부커 인터내셔널 부문 수상작 한강의《채식주의자》에 나오는 문장입니다. 이것만 봐도, 내용이 아무리 괜찮아도 발음이 좋지 않으면 제대로 전달이 되지 않는다는 사실을 알 수 있죠. 발음이 별로여도 상관없다는 말을 처음으로 한 사람이 대체 누군지 모르겠지만, 발음 때문에 내용을 알아듣지 못해서 답답해하는 사람의 마음을 전혀 모르는 사람일 것 같습니다.

'에이, 아무리 그래도 내 발음이 저 정도는 아니지!'라고 생각한다면 착각입니다. 실제로 발음이 좋지 않은 사람들은 위에 나오는 첫 번째 문장 수준으로 말하고도 자신의 발음에 무슨 문제가 있는지 거의 깨닫지 못합니다. 끊지 말아야 할 곳에서 끊어 읽기도 하고, 특정 소리를 다른 소리로 바꿔 말하기도 하는 등 도저히 의미를 알아들을 수 없을 정도로 발음을 망가뜨리는 사례가 비일비재합니다. 글로는 표현하기 힘든 높낮이나 강세 오류까지 더하면 이게 대체 어느 나라 말인가 싶을 지경이 됩니다.

사실 '발음이 중요하냐, 내용이 중요하냐'라는 논쟁은 굉장히 소모적입니다. 생각해 보세요. 내용이 괜찮으면 발음이 나빠도 되나요? 발음이 좋으면 내용이 부실해도 되나요? 둘 다 아닙니다. 외국어를 배울 때는 발음과 내용, 두 마리 토끼를 다 잡으려고 애써야 합니다. 이제 더 이상 발음과 내용을 분리해서 생각하지 말고, 내용만 제대로 채우면 그만이라는 핑계를 대며 게으름을 피우지 맙시다.

"그런데 이 나이에 발음을 고칠 수 있을까요?"

자연스레 이런 의문이 들 수 있습니다. 물론 극복하기 어려운 영역이 일부 있습니다. 하지만 발음에 대한 지식만 제대로 익혀도 확연히 좋아질 수 있는 영역이 존재합니다. 원어민 같은 발음을 구사하지 못해도 의사소통 능력을 조금이라도 개선하자는 가벼운 마음으로 발음 공부를 시작해 보세요.

그럼 지금부터 영어 소통 능력을 일취월장시켜 줄 발음 꿀팁을 엄선해서 알려 드리겠습니다. 발음 연습을 할 때 참고할 수 있는 동영상 강의도 특별히 만들어서 올려 두었습니다. QR 코드를 스캔하시면 영상을 볼 수 있으니 꼭 활용해 보세요.

영어 발음 기호

/ɑ/

- /아/와 비슷한 발음
- 하품하듯이
- 한국어 모음 /아/보다 입을 위아래로 더 크게 벌린다는 느낌
- 예: b<u>o</u>x, p<u>o</u>t, b<u>ou</u>ght

/ɔ/

- (입 모양을 /어/라고 할 때처럼 위아래로 편하게 벌린 뒤) /아/와 비슷한 발음
- 기본적으로는 /아/에 가까운 소리
- /어/를 발음할 때처럼 입 모양을 위아래로 벌리되, 양쪽 볼을 앞으로 밀어 입술이 뒤집혀 열리게 만든다는 느낌
- 예: bec<u>au</u>se, l<u>aw</u>, s<u>aw</u>

/e/

- /에/와 비슷한 발음
- 옆으로 벌리는 소리
- 입술에 힘을 빼고 발음

- 혀는 바닥에서 살짝 들림
- 예: s<u>e</u>t, s<u>ai</u>d, l<u>e</u>tter

/æ/

- /애/와 비슷한 발음
- 입을 위아래로 벌리는 소리
- 입술에 힘을 주고 발음
- 혀는 바닥에 착 붙임
- 예: s<u>a</u>t, s<u>a</u>d, l<u>a</u>tter

/i/

- (길게) /이/
- 입꼬리를 올리며
- 입술에 힘을 주고 발음
- 혀는 입천장에 닿을 듯이
- 예: p<u>ea</u>k, s<u>ea</u>son, d<u>ee</u>p

/ɪ/

- (짧게) /이/
- 미소 없이 무표정으로

- 입술에 힘을 빼고 발음
- 복화술 하듯이
- 혀 양쪽 날이 위쪽 어금니에 닿게
- 예: p$\underline{i}$ck, s$\underline{i}$t, d$\underline{i}$p

/ʌ/

- (짧게) /어/ (강세가 붙을 수 있음)
- 입을 약간만 벌림
- 입술과 혀는 힘을 빼고 발음
- 혀의 뿌리 부분이 살짝 눌리듯이
- 예: b$\underline{u}$s, c$\underline{u}$t, b$\underline{u}$t

/ə/

- (짧게) /어/ (강세가 붙을 수 없음)
- 입을 약간만 벌림
- 입술과 혀는 힘을 빼고 발음
- 한국어의 /어/ 발음에서 힘을 빼고 짧게 발음
- 예: th$\underline{e}$, $\underline{a}$bout, fath$\underline{e}$r

/oʊ/

- /오우/
- /오/ 소리 뒤에 짧게 힘을 뺀 /우/를 붙여 발음
- 예: o̲h, do̲n't, ho̲me

/u/

- (길게) /우/와 비슷한 발음
- 입술이 제자리에서 앞으로 나가면서 내는 소리
- 입술을 완전히 동그랗게 말면서 발음
- 오리처럼 입술을 쭉 내밀면서 발음
- 혀 뒷부분이 입천장을 향해 들리는 소리
- 예: do̲, su̲per, co̲ol

/ʊ/

- (짧게) /우/와 비슷한 발음
- 힘을 빼고 짧게 발음
- 입술을 약간만 동그랗게 말면서 발음
- 혀 뒷부분이 입천장을 향해 들리는 소리
- 예: go̲od, lo̲ok, bo̲ok

/p/

- (뒤에 /ㅎ/ 숨소리를 섞듯이) /ㅍ/
- 위아래 입술을 굳게 닫은 뒤 숨을 내쉬어 구강 내 기압을 높인 다음, 입술이 갑자기 열릴 때 터져 나오는 압력으로 내는 소리
- /ㅍ/에 비해 입술을 더 굳게 닫는 게 특징
- 성대가 울리지 않음
- 예: pick, push, paper*
- 참고: Sprite**

/b/

- /ㅂ/
- 위아래 입술을 굳게 닫은 뒤 숨을 내쉬어 구강 내 기압을 높인 다음, 입술이 갑자기 열릴 때 터져 나오는 압력으로 내는 소리
- /ㅂ/에 비해 입술을 더 굳게 닫는 게 특징
- 성대가 울림

---

* paper에는 /p/가 두 번 들어간다. 이때 두 번째 /p/는 /ㅎ/ 소리가 섞인 /p/가 아니라 한국어의 /ㅃ/과 비슷하게 발음한다. /p/는 본래 압력이 쌓였다가 터지면서 나는 소리인데 두 번째 p의 경우 앞뒤 모음 때문에 기도가 열려 있는 상태이므로 압력이 쌓일 틈이 없어 된소리로 변한다.

** /s/ 뒤에 /p/가 나오면 /s/를 발음하는 과정에서 기압이 낮아져 /p/가 /ㅃ/처럼 된소리로 변한다.

- 예: **b**ought, **b**ush, **b**akery

/t/

- /ㅌ/과 비슷한 발음
- 혀를 위쪽 앞니 뒤에 붙인 다음 숨을 내쉬어 구강 내 기압을 높인 다음, 혀를 빠르게 내릴 때 공기가 입 밖으로 배출되면서 나는 소리
- 성대가 울리지 않음
- 예: **t**ry, **t**est, at**t**end
- 참고: s**t**yle,* wa**t**er,** par**t**y***

/d/

- /ㄷ/과 유사
- 혀를 위쪽 앞니 뒤에 붙인 채 숨을 내쉬어 구강 내 기압을 높인 다음, 혀를 빠르게 내릴 때 공기가 입 밖으로 배출되면서 나는

---

* /s/ 뒤에 /t/가 나오면 /s/를 발음하는 과정에서 기압이 낮아져 /t/가 /ㄸ/처럼 된소리로 변한다.
** 모음 사이에 /t/가 나오면 /ㄹ/처럼 소리가 변한다. /t/ 발음을 할 때는 혀가 위쪽 앞니 뒤에 위치했다가 모음을 발음할 때는 바닥에 붙이는데 이 차이가 커서 혀가 위아래로 빠르게 오가는 과정에서 소리가 변하는 것이다.
*** /t/가 /r/이나 /l/과 만나면 동화 현상이 일어나 /ㄹ/처럼 발음한다.

소리

- 성대가 울림
- 예: drink, dry, diet

/k/

- (뒤에 /ㅎ/ 숨소리를 섞듯이) /ㅋ/과 비슷한 발음
- 혀 뒷부분을 들어 목젖 앞부분 입천장을 막고 숨을 내쉬어 구강 내 기압을 높인 다음, 혀를 빠르게 내릴 때 공기가 입 밖으로 배출되면서 나는 소리
- 성대가 울리지 않음
- 예: create, cancel, cost
- 참고: sky[*]

/g/

- /ㄱ/과 비슷한 발음
- 혀 뒷부분을 들어 목젖 앞부분 입천장을 막은 채 숨을 내쉬어 구강 내 기압을 높인 다음, 혀를 빠르게 내릴 때 공기가 입 밖으로 배출되면서 나는 소리

---

[*] /s/ 뒤에 /k/가 나오면 /s/를 발음하는 과정에서 기압이 낮아져 /k/가 /ㄲ/처럼 된소리로 변한다.

- 성대가 울림
- 예 : great, gossip, goal

/f/

- /ㅍ/과 다름
- 아랫입술 바깥쪽을 물지 않음(아랫입술 바깥쪽을 무는 것이 정식
  이지만 대부분 약식으로 발음하므로 반드시 정식 발음을 익힐 필요는
  없음)
- 아랫입술을 들어 올려 아랫입술 안쪽이 위쪽 앞니 아랫부분에
  눌리게 한 채 숨을 내쉬어 구강 내 기압을 높인 다음, 아랫입술
  을 아래로 내리면서 구강이 열릴 때 공기가 입 밖으로 배출되면
  서 나는 소리
- 성대가 울리지 않음
- 위아래 입술이 맞닿으면 /ㅍ/이 되어 버리니 주의
- 예 : fancy, phone, fault

/v/

- /ㅂ/과 다름
- 아랫입술 바깥쪽을 물지 않음(아랫입술 바깥쪽을 무는 것이 정식
  이지만 대부분 약식으로 발음하므로 반드시 정식 발음을 익힐 필요는

없음)

- 아랫입술을 들어 올려 아랫입술 안쪽이 위쪽 앞니 아랫부분에 눌리게 한 채 숨을 내쉬어 구강 내 기압을 높인 다음, 아랫입술을 아래로 내리면서 구강이 열릴 때 공기가 입 밖으로 배출되면서 나는 소리
- 성대가 울림
- 위아래 입술이 맞닿으면 /ㅂ/이 되어 버리니 주의
- 예: very, invoice, vegetarian

/θ/

- /ㅆ/과 다름
- 치아 사이에 혀를 넣지 않음(정식으로 하면 치아 사이에 혀를 넣었다가 뒤로 빼면서 내는 소리이지만 실제로 이렇게 발음하기가 어려움)
- 혀끝이 위쪽 앞니와 입천장이 맞닿는 곳에 닿게 한 뒤 아랫입술을 들어 올려 혀의 아래쪽 면에 떠받치듯이 갖다 대고 이 상태로 숨을 내쉬어 구강 내 기압을 높인 다음, 혀를 갑자기 뒤로 빼며 구강이 열릴 때 공기가 입 밖으로 배출되면서 나는 소리
- 성대가 울리지 않음
- 예: think, something, thank

/ð/

- /ㄷ/과 다름
- 치아 사이에 혀를 넣지 않음(정식으로 하면 치아 사이에 혀를 넣었다가 뒤로 빼면서 내는 소리이지만 실제로 이렇게 발음하기가 어려움)
- 혀끝이 위쪽 앞니와 입천장이 맞닿는 곳에 닿게 한 뒤 아랫입술을 들어 올려 혀의 아래쪽 면에 떠받치듯이 갖다 대고 이 상태로 숨을 내쉬어 구강 내 기압을 높인 다음, 혀를 갑자기 뒤로 빼며 구강이 열릴 때 공기가 입 밖으로 배출되면서 나는 소리
- 성대가 울림
- 예: al<u>th</u>ough, mo<u>th</u>er, whe<u>th</u>er

/s/

- /ㅅ/과 다름
- /ㅅ/을 발음할 때처럼 혀가 아래로 떨어지는 게 아니라 위쪽 앞니 바로 뒤에 혀가 계속 붙은 채로 공기를 계속 밀어내는 소리
- 성대가 울리지 않음
- 예: <u>s</u>uit,* <u>s</u>ue, <u>s</u>ign

---

* /ㅅ/보다 기압이 훨씬 더 세게 나오는 소리이므로 모음과 만나면 /ㅆ/에 가까운 소리로 들린다.

/z/

- /ㅈ/과 다름
- /ㅈ/을 발음할 때처럼 혀가 아래로 떨어지는 게 아니라 위쪽 앞니 바로 뒤에 혀가 계속 붙은 채로 공기를 계속 밀어내는 소리
- 성대가 울림
- 예: ex<u>i</u>st, <u>z</u>oo, becau<u>s</u>e

/ʃ/

- (어린아이에게 오줌을 누라는 뜻으로 내는 소리처럼 길게) /쉬/와 비슷한 발음
- 입술은 /위/처럼 동그랗게 유지
- 혀는 들어 올려서 입천장과 맞닿을 것처럼 가까이 유지
- 그대로 숨을 내쉬어 입술과 입천장 사이 좁은 틈새로 소리가 지나가게 발음
- 윗니와 아랫니가 서로 붙음
- 성대가 울리지 않음
- 예: na<u>ti</u>onal, <u>sh</u>ocking, <u>sh</u>ape

/ʒ/

- /쥐/와 다름

- 입술은 /위/처럼 동그랗게 유지
- 혀는 들어 올려서 입천장과 맞닿을 것처럼 가까이 유지
- 그대로 숨을 내쉬어 입술과 입천장 사이 좁은 틈새로 소리가 진동하며 지나가게 발음
- 윗니와 아랫니가 서로 붙음
- 성대가 울림
- 예: deci<u>s</u>ion, u<u>s</u>ually, televi<u>s</u>ion

/ʧ/

- (/t/ + /ʃ/) /취/와 비슷한 발음
- /t/를 발음하기 전 혀의 위치로 혀를 가져감
- 그 상태에서 /ʃ/를 발음함
- 성대가 울리지 않음
- 예: <u>ch</u>ange, <u>ch</u>ur<u>ch</u>, <u>ch</u>eat

/ʤ/

- (/d/ + /ʒ/) /쥐/와 비슷한 발음
- /d/를 발음하기 전 혀의 위치로 혀를 가져감
- 그 상태에서 /ʒ/를 발음함
- 성대가 울리지 않음

- 예: ju<u>dg</u>e, change, gra<u>d</u>uation

/m/

- /ㅁ/과 비슷한 발음
- 위아래 입술을 서로 붙여서 앙다문 상태로 내는 /음/ 소리(코로 공기가 나옴)
- 성대가 울림
- 예: <u>m</u>other, <u>m</u>ake, <u>m</u>anufacture

/n/

- /ㄴ/과 비슷한 발음
- 혀끝을 위쪽 앞니와 입천장의 경계에 붙인 상태로 내는 /은/ 소리(코로 공기가 나옴)
- 성대가 울림
- 예: <u>n</u>o, <u>n</u>ever, <u>n</u>othing

/ŋ/

- /응/과 비슷한 발음
- 혀 뒷부분이 들리면서 목젖 앞부분 입천장을 막은 상태로 내는 /엉/ 소리(코로 공기가 나옴)

- 성대가 울림
- 예: do**ing**, listen**ing**, noth**ing**

/l/

- /ㄹ/과 다름
- /t/, /d/를 발음할 때처럼 혀를 위쪽 앞니와 입천장 경계에 붙인 상태에서 혀끝을 경계 지점 쪽으로 누르면서 /을/이라고 길게 발음한 뒤 혀를 편하게 떨어뜨림
- 성대가 울림
- 예: l̲ove, l̲ady, l̲ike

/r/

- /ㄹ/과 다름
- 혀를 편안하게 둔 상태에서 혀끝만 말아 들어 올린 채 /아/라고 발음하면 /r/ 소리가 남. /알/보다는 /얼/에 가까운 소리(/r/ 소리가 들어가면 /어/ 소리가 보통 들어감)
- 성대가 울림
- 예: r̲oad, r̲eally, r̲ain

/j/

- (빠르게) /이어/와 비슷한 발음
- 혀 가운데 부분을 입천장에 붙인 상태로 숨을 내쉬어 구강 내 기압을 높였다가, 갑자기 아래턱을 내리며 짧게 /이어/라고 발음
- 성대가 울림
- 예: year, you, use

/w/

- /우/와 비슷한 발음
- /우/를 발음할 때처럼 입술을 동그랗게 말아 내민 상태로 시작한 다음, 입술에 힘을 빼면서 입술이 제자리로 돌아갈 때 /우/라고 발음
- 성대가 울림
- 예: wood, why, question

영어 강세 연습

예문에서 밑줄 친 부분을 세게, 기울여 쓴 부분을 약간 세게 발음해 봅시다.

복합 명사

– 둘 또는 그 이상의 단어가 결합해 하나의 명사 덩어리를 이루는 경우

> 명사 1 + 명사 2 → 명사 1에 강세
> 형용사 + 명사 → 형용사에 강세

parking lot	**parking** ticket
parking meter	**parking** space
bookshelf	**book** cover
bookstore	**book**mark
credit card	**post**card
report card	**green** card
football	**base**ball
ballpark	**ball**room

형용사 + 명사 → 명사에 강세[*]

nice **day**	small **room**
blue **eyes**	old **people**
big **house**	long **time**
good **job**	first **grade**

형용사 1 + 형용사 2 + 명사 → 형용사 1에 중간 강세, 명사에 강한 강세

big, blue **bus**	*nice*, old **man**
cute, little **girl**	*short*, black **hair**
big, brown **eyes**	

구동사 phrasal verb

– 동사가 전치사 또는 부사를 만나 원래와는 다른 의미를 나타내는 경우 (전치

---

[*] 단순한 형용사–명사 조합과 복합 명사 조합의 차이점은 결합했을 때 온전한 명사가 되느냐 그렇지 않느냐에 있다. 예를 들어 복합 명사 a green card는 그 자체로 '그린 카드'(취업 허 가증)라는 뜻이지만 단순한 형용사–명사 조합 a green card는 '초록색 카드'라는 뜻이다. 또 다른 예로 복합 명사 the White House(백악관)와 단순한 형용사–명사 조합 a white house(하얀색 집)를 들 수 있다.

사 또는 부사와 결합했지만 본래 의미와 별 차이가 없을 경우에는 구동사가 아님)

구동사가 아닌 경우 → 동사에 강세

apply for (···에 지원하다)　　**graduate** from (···을 졸업하다)

pay for (···에 대해 값을 지불하다)　**look** at (···을 쳐다보다)

구동사인 경우 → 전치사/부사에 강세

turn **down** (···을 거절하다)　　catch **up** (따라잡다)

hang **up** (끊다)　　　　　　　try . . . **on** (···을 입어 보다)

sign **up** (가입하다)　　　　　drop **out** (자퇴하다)

문장 속 강세 규칙

기능어는 약하게, 내용어는 세게

– 기능어: 의미를 전달하지 않는 단어(전치사, 접속사, 관사, 한정사, 의미 없는 조동

사(be/do), 대명사 등 문법 장치 역할을 하며, 단독으로 말하면 이해가 되지 않음)

– 내용어: 의미를 전달하는 단어(명사, 동사, 형용사, 부사 등 단독으로 말해도 이

해가 됨)

– 기능어는 문법 지식이 있다면 약하게 말해도 알아들을 수 있으므로 약하게, 내용어는 세게 말해 주지 않으면 알아듣기 어려우므로 세게 발음함

    I **like** it. (마음에 들어.)

    It's **red**. (빨간색이야.)

    I saw the **woman**.* (그 여자 봤어.)

오래된 정보는 약하게, 새로운 정보는 강하게

– 오래된 정보는 이미 각인이 되어 있으므로 약하게, 새로운 정보는 세게 발음함

    A: Hey, did you hear the **news**? (야, 너 그 소식 들었어?)

    B: What *news*? (무슨 소식?)

    A: **Jason** is alive! (제이슨 안 죽었대!)

    B: *Jason* from 'The Bride'? ('더 브라이드'에 나오는 제이슨?)

---

* 이 문장에는 내용어가 saw와 woman, 두 개 있다. 이처럼 내용어가 두 개 이상일 때는 마지막에 나오는 내용어에 강세를 실어 준다.

감정이나 정도를 나타내는 형용사와 부사, 기호preference를 나타내는 동사는 세게

You look **gorgeous**! (너 너무 예쁘다!)

He was being **ridiculous**! (아니, 말도 안 되는 억지를 부리더라고.)

I **love** this! (너무 마음에 들어!)

특정 단어는 뒤를 세게

‒ 사람 이름, 지명, 국가명

Taylor **Swift**   Donald **Trump**

Los **Angeles**   South **Korea**

New **York**   the United **States**

‒ 두문자어(낱말의 머리글자를 모아서 만든 준말)

the U.**S**.   the U.S.**A**.

the F.B.**I**.   the N.B.**A**.

the U.**N**.

- 숫자 끝

2020   07:30

7:30 p.m.   911

$4.99   02-720-5855

대조를 할 때는 둘 다 세게

Did you say a ticket **to** Seoul **or** from Seoul?

(서울행 티켓인가요, 서울발 티켓인가요?)

Did you say a ticket to **Seoul** or **Busan**?

(서울행 티켓인가요, 부산행 티켓인가요?)

영어 인토네이션 연습

What's your name?[↘] (이름이 뭐예요?)

→ name/neɪm/은 '내용어'로서 원래 강세를 받음. 강세를 주면서 음을 올리다가 마지막에 음을 내리면서 끝내야 함.

Why did you do that?[↘] (너 왜 그랬어?)

→ do/du/는 내용어로 강세를 받고 that/ðæt/은 기능어로 강세를 받지 않음. do에서 인토네이션을 올렸다가 that 할 때 내리면서 끝내야 함.

What are you doing?[↘] (너 뭐 하는 거야?)

→ doing/ˈduɪŋ/은 일반 동사 do에서 파생된 분사로 의미를 전달하는 내용어에 해당하므로 강세를 받음. do-에 강세를 주고 인토네이션을 올렸다가 -ing에서 음을 내리면서 끝내야 함.

How was your date?[↘] (데이트 어땠어?)

→ date/deɪt/는 내용어로 강세를 받음. 강세를 주면서 음을 올리다가 마지막에 음을 내리면서 끝내야 함.

What's your problem?[↘] (너 대체 왜 그래?)

➜ problem/ˈprɑbləm/은 내용어로 강세를 받음. pro-에 강세를 주고 인토네이션을 올렸다가 -blem에서 음을 내리면서 끝내야 함.

'네, 아니오'로 대답할 수 있는 의문문은 끝을 올려 읽음

Does she know about that?[↗] (걔가 이 사실을 알아?)

Is that it?[↗] (그게 다야?)

Have you heard about him before?[↗]

(그 사람에 대해서 들어 본 적 있어?)

Am I bothering you?[↗] (저 때문에 불편하세요?)

Have you been to New York?[↗] (뉴욕 가 보셨어요?)

문장이 끝나지 않은 경우에는 끝음을 올려 읽음

I bought a new laptop.[↘] (나 노트북 새로 샀어.)

I bought a new laptop,[↗] but I didn't bring it here.[↘]

(나 노트북 새로 샀는데, 두고 왔어.)

I finished my homework.[↘] (저 숙제 다 했어요.)

After I finish my homework,[↗] I'll take a look at it.[↘]

(숙제 다 하고 한번 볼게.)

I'll try harder next time.[↘] (다음에 더 열심히 해 볼게요.)

If you try harder next time,[↗] you might get an A.[↘]

(네가 다음에 더 열심히 하면, A를 받을 수도 있겠지.)

문장 맨 앞에 쓰이는 상용구는 끝음을 올려 읽음

As a matter of fact,[↗] they had extended the deadline.

(그런데 그쪽에서 납기를 미뤘어.)

As far as I know,[↗] that is not true.

(내가 알기로는 그건 사실이 아니야.)

Actually,[↗] you're supposed to paint it yellow.

(그런데 원래 노란색 페인트를 칠해야 하는 거거든.)

For your information,[↗] she's not available.

(혹시 몰라서 말인데, 그녀에게는 남자 친구가 있어.)

By the way,[↗] why are you in your pajamas?

(그건 그렇고, 너는 왜 잠옷 바람이야?)

열거를 할 때는 계속 올리다가 마지막 단어만 음을 내려 읽음

They like football,[↗] basketball,[↗] tennis,[↗] and golf.
[↘] (그들은 축구, 농구, 테니스 그리고 골프를 좋아해.)

I'm taking biology,[↗] math,[↗] French,[↗] and history.
[↘] (저는 생물학, 수학, 프랑스어 그리고 역사 수업을 듣고 있어요.)

I left work,[↗] came home,[↗] and had dinner.[↘] (사무실
나와서 집에 온 다음에 저녁을 먹었어요.)

둘 중 하나를 고르는 의문문에서는 첫 번째 선택지 끝음을 올려 읽고 두 번째 선택지 끝음을 내려 읽음

Do you want to eat in[↗] or eat out?[↘]

(집에서 먹을래, 나가서 먹을래?)

Is your birthday in March[↗] or in April?[↘]

(네 생일 3월이야, 4월이야?)

Is his name Matthew[↗] or Michael?[↘]

(그의 이름이 매슈야, 마이클이야?)

Do you want the blue one[↗] or the black one?[↘]

(파란색으로 할래, 검은색으로 할래?)

영어를 떠올리면 머리부터 아프다는 사람들이 많습니다. 그런데 따져 보면 언어는 죄가 없습니다. 언어를 대하는 우리의 태도 때문에 그 언어가 미워 보일 뿐입니다.

한국 사회에서 영어는 정복의 대상이자 동경의 대상입니다. 인생에서 영어가 필요 없는데도 영어를 잘하고 싶다는 미련을 끝내 놓지 못합니다. 영어 잘하는 사람들을 추켜세우고 선망하면서 완벽에 가까운 영어를 구사하지 못하면 부끄럽다고 여깁니다.

완벽한 영어를 하고 싶으신가요? 해법은 생각보다 단순합니다. 완벽한 영어를 구사하는 사람들만큼 열심히 공부하고 연습하면 됩니다. 하지만 대부분은 영어 잘하는 사람들의 능력만 부러워할 뿐, 그들이 쏟아부은 만큼 노력하지는 않습니다. 그 사람들만큼 영어 공부에 투자하라고 하면 온갖 핑계를 대며 손사래를 치기 바쁘죠. 결국 많은 사람들이 영어 때문에 머리가 아픈 건, 높은 목표에 비해 노력이 현저히 부족한 탓입니다. 욕심의 크기만큼 머리가 아프다고나 할까요.

더 큰 문제는 그 높은 목표가 내가 스스로 생각해서 세운 결과가 아니라는 점입니다. 스스로 영어가 절실하게 필요해서 목표를 세우는 것이 아니라, 어릴 때부터 무작정 영어를 잘해야 한다고 세뇌당해 왔기 때문에 감히 도달하지도 못할 목표를 세우는 데 급급합니다. 이런 문제를 해결하고 싶다면 영어를 공부하는 목표부터 다시 세워야 합니다.

누구나 원어민처럼 완벽에 가까운 영어를 구사할 필요, 전혀 없습니다. 영어는 나의 전문 영역, 나의 커리어, 내 인생의 전부가 아닙니다. 인생을 조금 더 윤택하게 만들어 주는 도구 가운데 하나일 뿐입니다. 짧다면 짧은 인생을 살아가는 동안 우리가 익혀서 써먹을 수 있는 기술은 한정되어 있습니다. 그러니 나에게 필요한 만큼의 영어, 당장 활용할 수 있는 영어만 익혀도 충분합니다.

더 이상 영어를 완벽하게 구사하지 못한다고 주눅 들거나 위축되지 마세요. 모든 상황에서 영어를 잘해야 한다는 고정 관념에서 벗어나세요. 한국에서 나고 자란 사람이 외국어인 영어를 완벽하게 하지 못하는 건 어찌 보면 당연합니다. 필요할 때 편하게 도움을 요청할 수 있는 친구처럼 영어를 대한다면 조금 더 가벼운 마음으로, 편하게 공부할 수 있을 겁니다.

　이 책을 가까이 두고 수시로 활용하면서 생활에 필요한 영어만 잘 익혀도 삶의 질이 획기적으로 개선될 겁니다. 무조건 통하는 압축 영어 표현들을 여러 번 읽고 익혀서 책을 더 이상 보지 않아도 될 정도가 되면, 더 이상 영어 때문에 두통을 겪는 일은 없을 겁니다.

영어는 정복의 대상이 아닙니다.
그저 하나의 도구일 뿐입니다.

2020년 6월
김태훈

부록

압축 영어
공부를 위한 꿀팁

추천 유튜브 채널

Bridge TV

저자가 직접 운영하는 유튜브 채널로 일상 회화 표현, 핫 이슈 관련 영어 표현, 영어 발음 강의, 영어 공부법 강의, 재미있게 볼 수 있는 영어 영상 등 다양한 형태의 학습 콘텐츠를 제공하고 있다.

Rachel's English

영어 발음에 특화된 유튜브 채널. 260만 구독자를 자랑하는 거대 채널로 외국인 학습자에게 발음에 대해서 매우 상세하게 설명해 주는 채널.

Michael Elliott

한국에서 오랫동안 거주한 미국 출신 영어 교사가 운영하는 유튜브 채널. 한국 사람들이 알고 싶어 하고 헷갈릴 만한 영어 표현을 한국어로 설명해 준다.

CollegeHumor

짧은 코미디 영상을 제공하는 유튜브 채널. 미국 드라마나 영국 드라마, 외국 영화는 상대적으로 길어서 학습용으로 활용하려면 상당한 집중력과 의지가 필요하다. 그런데 이 채널은 길이가 적당

해서 반복 학습을 하기에 좋고 미국식 유머를 익히는 데에도 도움이 된다.

BRIGHT SIDE

살면서 한번쯤 품어 봤을 만한 궁금증을 해결해 주는 유튜브 채널. 세상에 대한 다양한 지식도 배우고 좋은 영어 표현도 익힐 수 있다.

English Lessons with Adam

원어민 교사가 칠판에 분필로 글을 쓰는 전통적인 형식으로 강의하는 유튜브 채널. 다양한 주제에 대해서 상세하게 알려 주기 때문에 중급 학습자에게 도움이 많이 된다.

MeganBatoon

댄서 출신 인플루언서 메건 버툰이 운영하는 유튜브 채널. 브이로그, 댄스 영상, 패션, 요리 등 다양한 주제의 영상이 올라온다. 드라마나 영화가 아닌 실생활에서 쓰는 영어 표현을 들어 보고 싶다면 이 채널이 도움이 될 것이다.

Hallyu Back

한국에 사는 외국인 커플의 한류 문화 관련 유튜브 채널. 화제가 된 한류 뉴스를 다룬다. 영상이 규칙적으로 올라오지 않는다는 게 약간 흠이지만, 한류에 관심 있는 사람이라면 충분히 재미있게 즐길 수 있다.

Dictionary.com

원어민도 많이 쓰는 사전 사이트. 특정 표현에 대한 다양한 정의와 어원 등 다양한 내용을 한데 모아 볼 수 있다는 것이 장점이다. 다만 초보 학습자의 경우 뜻이 너무 많이 나와서 오히려 불편할 수 있으니 유의할 것.

Thesaurus.com

Dictionary.com과 연동되는 유의어 사전 사이트. Dictionary.com에서 상단에 있는 Thesaurus 메뉴를 클릭해도 접속할 수 있다. 단어 정의에 따른 유의어를 한데 모아 볼 수 있다.

MacMillan Dictionary

가장 보편적으로 많이 쓰이는 정의들만 모아 간략하고 명쾌하게 설명해 주는 사전 사이트. Dictionary.com과 달리 가장 많이 쓰는 뜻만 간추려 보여 주기 때문에 원하는 뜻을 빠르게 찾아 확인할 수 있다는 것이 장점이다. 최초로 방문하면 기본 설정이 영국식 영어로 되어 있다. 미국식 영어를 공부하고 싶다면 화면 최하단 메뉴 Options → Select American English or British English에서 박스 클릭 후 American 선택 → Save 버튼을 클릭하면 된다.

Longman Dictionary

MacMillan Dictionary는 보편적으로 많이 쓰는 뜻을 일목요연하게 정리해 주는 것이 장점이지만 간혹 예문이 없는 경우가 있다. Longman Dictionary는 거의 모든 표현에 대한 예문을 제공하며 원어민이 아닌 사람들을 위한 문법 및 표현 사용법까지 꼼꼼하게 설명해 두었다.

Oxford Online Collocation Dictionary

특정 단어와 함께 어떤 단어를 써야 하는지 알고 싶을 때 활용하는 사이트. 특정 단어를 검색하면 함께 쓰이는 형용사, 동사, 전치사 등을 보기 쉽게 정리하여 보여 준다. 매우 어려운 어휘를 검색하면 결과가 나오지 않을 수 있으니 참고하자.

Online Etymology Dictionary

영어 단어를 효과적으로 외우는 데 도움이 되는 어원을 알아볼 수 있는 사이트. 영어 사이트이긴 하지만 중요한 어근을 설명하는 부분만 굵은 글씨로 표시되어 있기 때문에 그 부분을 중심으로 앞뒤로 살펴보면 어렵지 않게 어근을 파악할 수 있다.

Urban Dictionary

영어 속어와 은어를 보여 주는 사전 사이트. 정제된 표현만 제공하는 일반 사전과 달리 실제로 일상에서 쓰는 속어, 은어를 비롯해 비속어, 약어, 채팅 용어, 신조어 등을 찾아볼 수 있다. 다만 위키백과 Wikipedia 사이트처럼 개인이 내용을 작성하는 형식으로 운영되므로 내용을 맹목적으로 믿으면 안 된다. 항상 추가로 구글에 검색해 보고 활용할 것.

BBC Learning English

영국 BBC에서 영어 학습자를 위해 운영하는 사이트. 초보자부터
상급자까지 다양한 눈높이의 흥미로운 자료들을 제공한다.

YouGlish

특정 키워드를 검색하면 그 키워드가 사용된 유튜브 영상을 찾아
재생해 주는 사이트. 텍스트로 공부하는 데 한계를 느낄 때, 특정
표현을 실제로 어떻게 발음하는지 알고 싶을 때 활용하면 좋다.

ESL Fast

원어민이 아닌 사람들을 위해 학습용 영어 음성 및 텍스트 자료를
제공하는 사이트. 실력에 따라 다양한 난이도의 자료가 제공되므
로 자신의 실력에 맞춰 공부할 수 있다. 영어 듣기 연습이나 섀도잉
에 활용할 만한 자료도 많이 있다.

Tophonetics

텍스트를 입력하면 자동으로 발음 기호로 전환해 주는 사이트. 단
어가 아니라 문장 또는 단락 단위로 발음 기호를 확인하고 싶을 때
유용하다. 자동 변환 시스템이라 가끔 소리 조합에 따른 발음 변
화 현상을 제대로 반영하지 못할 때도 있으니 YouGlish나 앞서 추
천한 사전들을 동시에 활용해 보기를 권한다. British(영국식 발음)와 American(미
국식 발음) 가운데 선택할 수 있고 Show weak forms(약식 발음 표시) 박스를 선택하
면 실제 발화할 때 발생하는 약식 발음까지 보여 준다.

추천 앱

CNN

최신 뉴스를 영상이나 텍스트로 접하고 싶은 사람들에게 추천하는 앱.

myTuner Radio

세계 각국의 다양한 라디오 방송 프로그램을 들을 수 있는 앱. 장르별, 도시별, 국가별 라디오 방송 프로그램을 검색하여 실시간으로 들을 수 있고 즐겨찾기 설정도 가능하다.

Arirang TV

우리나라 국영 영어 방송국 아리랑TV에서 제공하는 뉴스 앱. TV로 방송된 내용을 주제별로 정리하여 제공하므로 관심 있는 내용을 골라서 볼 수 있다.

Arirang Radio

아리랑TV에서 제공하는 라디오 앱. 실시간 방송뿐 아니라 예전 방송도 들을 수 있다. 이동 중에 한국 뉴스를 영어로 접해 보고 싶을 때 추천한다.

NPR

미국 공영 라디오 방송국 NPR 앱. 실시간 라디오를 듣거나 뉴스 기사를 읽을 수 있다.

BBC News

BBC News 앱. BBC World Service 메뉴로 들어가면 영국뿐 아니라 전 세계 소식을 접할 수 있다. 상단 바의 가장 오른쪽에 있는 LIVE 메뉴로 가면 24시간 쉴 새 없이 방송을 볼 수 있다. 내가 원할 때 언제 어디서든 전 세계 뉴스를 실시간으로 보고 듣고 공부할 수 있다.

Audible

아마존이 운영하는 오디오북 서비스. 매달 14.95달러(약 2만 원)를 내면 주말 포함 매일매일 〈뉴욕 타임스〉와 〈월 스트리트 저널〉 뉴스를 다운로드하여 들을 수 있고 매달 오디오북 한 권을 내려받을 수 있다.

TED

TED 강연을 쉽게 찾아볼 수 있는 앱. 자막을 제공한다는 것이 큰 장점이다. 강연이 재생 중일 때 화면을 한 번 터치하면 오른쪽 상단에 자막을 끄고 켜는 옵션이 나온다. 듣기 실력에 따라, 학습 단계에 따라 자막을 끄거나 켠 채로 공부해 보자.

Cake

유튜브 영상을 가져와서 다른 영상들과 엮어 영어 학습 자료를 제공하는 앱. 발음 판정 기능, 섀도잉 기능 등이 있으며 학습 시간 알람을 설정해 둘 수도 있다. 학습자가 원하는 채널을 앱 내에서 구독하는 기능도 있다.

Cambly

미국에 본사를 둔 유료 일대일 화상 영어 서비스. 언제 어디서든 접속만 하면 원어민 교사가 상시 대기하고 있으며 교사 자격증 소지 여부, 출신 국가, 억양, 학생들에게 받은 평점 등을 미리 확인할 수 있다. 유료이긴 하지만 서비스 품질이 훌륭하고 학원에 가지 않아도 원어민 교사를 만날 수 있다는 점을 고려하면 가격 대비 효율이 좋다고 할 수 있다.

튜터링

일대일 전화 영어 서비스를 중심으로 다양한 커리큘럼을 제공하는 유료 학습 앱. Cambly처럼 교사의 이력을 간단히 확인할 수 있고 학습자가 원할 때 곧바로 수업을 시작할 수 있다. 마음에 드는 교사의 수업을 미리 예약하여 수강할 수도 있다. 처음에 레벨 테스트를 진행한 뒤 수준에 맞는 커리큘럼을 제공한다.

오잉글리시

섀도잉 기능과 영어 발음 판정 기능을 갖춘 유료 영어 학습 앱. 초보자부터 상급자까지 다양한 수요를 충족해 주는 풍부한 콘텐츠를 제공한다. 영어 공부를 게임화하여 학습 시간을 기준으로 학습자의 순위를 매겨 성취감과 경쟁심을 동시에 느끼게 해 준다. 원어민 교사와 전화 영어를 진행할 수 있는 기능도 있다.